NEUE JULEKULER STRICKEN MIT ARNE & CARLOS

65 NORWEGISCHE WEIHNACHTSKUGELN

IMPRESSUM

Titel der Originalausgabe
De Revival van Kerstballen Breien met Arne&Carlos

Strickmuster: Arne Nerjordet & Carlos Zachrisson
Fotografie: Ragnar Hartvig
Umschlag- und Innengestaltung: Josephine van Bennekom

Deutsche Ausgabe
Produktmanagement und Lektorat: Jessica Josephine Cremer
Covergestaltung: Lena Sofie Schmitt
Satz: Petra Theilfarth
Druck und Bindung: PNB Print Ltd, Lettland

1. Auflage 2024

ISBN 978-3-7358-7119-0 • Best.-Nr. 27119

MIX
Papier | Fördert gute Waldnutzung
FSC® C084698

Penguin Random House Verlagsgruppe
FSC® N001967

Die DigiBib – Alle Updates für dich

Hier findest du alle aktuellen Infos zu deinem Produkt, außerdem Extras, Videos, Vorlagen und mehr!

www.topp-kreativ.de/digibib

Freischaltcode: 55472

INHALT

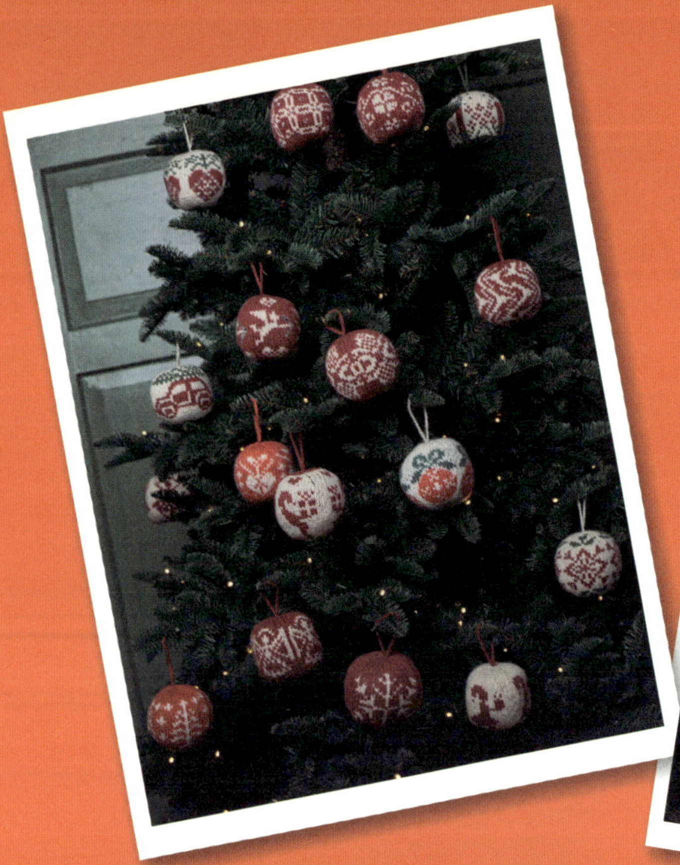
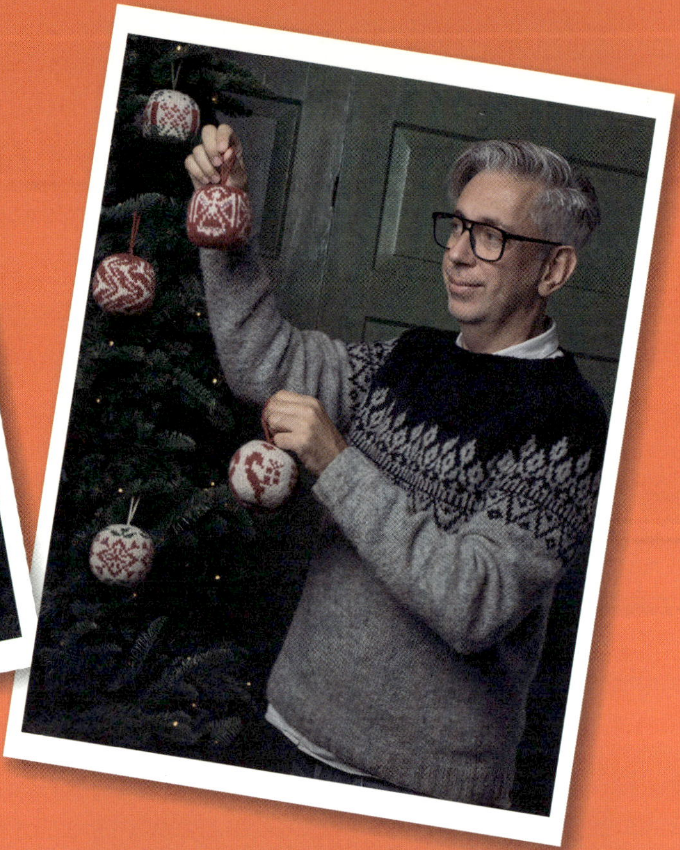
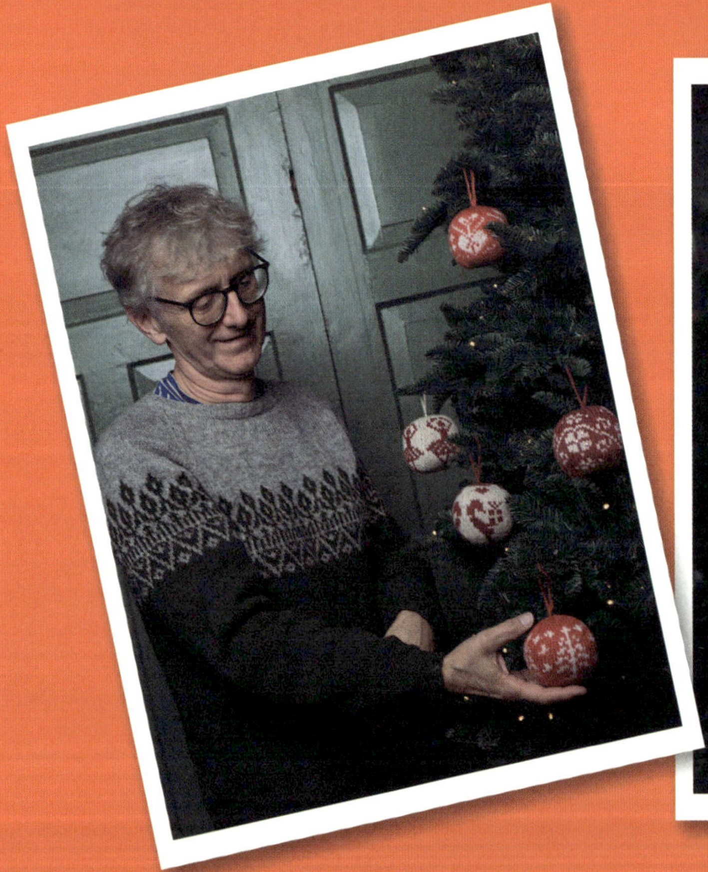
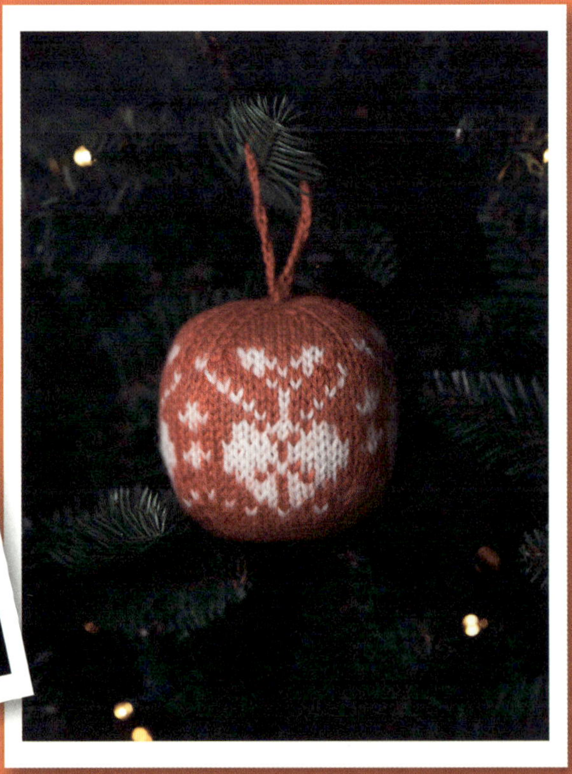

VORWORT

DAS SCHMÜCKEN DES WEIHNACHTSBAUMES IST EINE ALTE NORWEGISCHE WEIHNACHTSTRADITION, DIE IN DEN 1920ER-JAHREN IHREN WEG VON DEUTSCHLAND ÜBER DÄNEMARK NACH NORWEGEN FAND. VERMUTLICH HABEN DIE NORWEGER IN DIESER ZEIT DIE ERSTEN PULLOVER MIT TYPISCHEN NORWEGERMUSTERN GESTRICKT. DER FRÜHESTE BELEG AUS NORWEGEN FÜR EINEN SOLCHEN PULLOVER STAMMT AUS DEM JAHR 1840.

Während der Arbeit an einem Weihnachtsprojekt für die japanische Marke Comme des Garçons kam uns 2009 die Idee, diese beiden norwegischen Traditionen zu vereinen: Wir strickten unsere erste Weihnachtskugel in traditionell norwegischen Mustern! So konnten wir unsere heimischen Stricktraditionen nutzen, um etwas weihnachtliches zu schaffen, das viele Leute begeisterte. Und so entstand die Idee zu unserem ersten Strickbuch.

Julekuler (Weihnachtskugeln stricken) wurde 2010 in Norwegen veröffentlicht. Wir hätten nie gedacht, dass das Buch sofort auf der Bestsellerliste landen und sich wochenlang dort halten würde, bis weit ins Jahr 2011 hinein! Plötzlich waren wir überall: in Zeitschriften, im Fernsehen und im Radio, und die Leute konnten nicht genug von unseren Kugeln bekommen! Der Höhepunkt des Jahres 2010 war, als wir den riesigen Weihnachtsbaum im Maihaugen-Museum in Lillehammer mit 1300 Strickkugeln schmücken durften. 2011 wurde unser Weihnachtskugelbuch von mehreren Verlagen im Ausland veröffentlicht und der Weihnachtswahnsinn von 2010 begann für uns von Neuem. Inzwischen ist *Julekuler* in 15 Sprachen erschienen und Menschen auf der ganzen Welt können ihren Baum mit unseren gestrickten Kugeln schmücken. Noch heute müssen wir uns manchmal selbst zwicken: Ist das alles ein Traum?

2020, zehn Jahre nach der ersten Veröffentlichung unseres Buches, sah die Welt ganz anders aus. Wir waren durch die Corona-Pandemie ans Haus gefesselt und konnten nicht rund um die Welt reisen, um den Jahrestag des ersten Buches zu feiern. Stattdessen entwarfen wir vierundzwanzig neue Kugeln, die wir im Dezember als digitale Downloads auf YouTube und auf unserer Website veröffentlichten. Und so wurde *Julekuler 2.0* geboren. Die Begeisterung war genauso groß wie 2010, aber jetzt über ein anderes Medium. Wir konnten nicht glauben, dass die Idee zehn Jahre später immer noch derart begeistert aufgenommen wurde. So entstand eine neue Tradition, und seither haben wir jedes Jahr vierundzwanzig neue digitale Weihnachtskugelmuster veröffentlicht.

Viele unserer neuen Kugeln gab es bisher nur als digitale Downloads und sie wurden noch nie in einem Buch veröffentlicht. Wir haben nun 65 dieser neuen Designs für dieses Buch ausgewählt, um noch mehr Julekuler-Weihnachtszauber verbreiten zu können, damit Sie diese wunderbare Zeit vor unserem liebsten Fest in vollen Zügen genießen können!

Viel Vergnügen!

Arne & Carlos

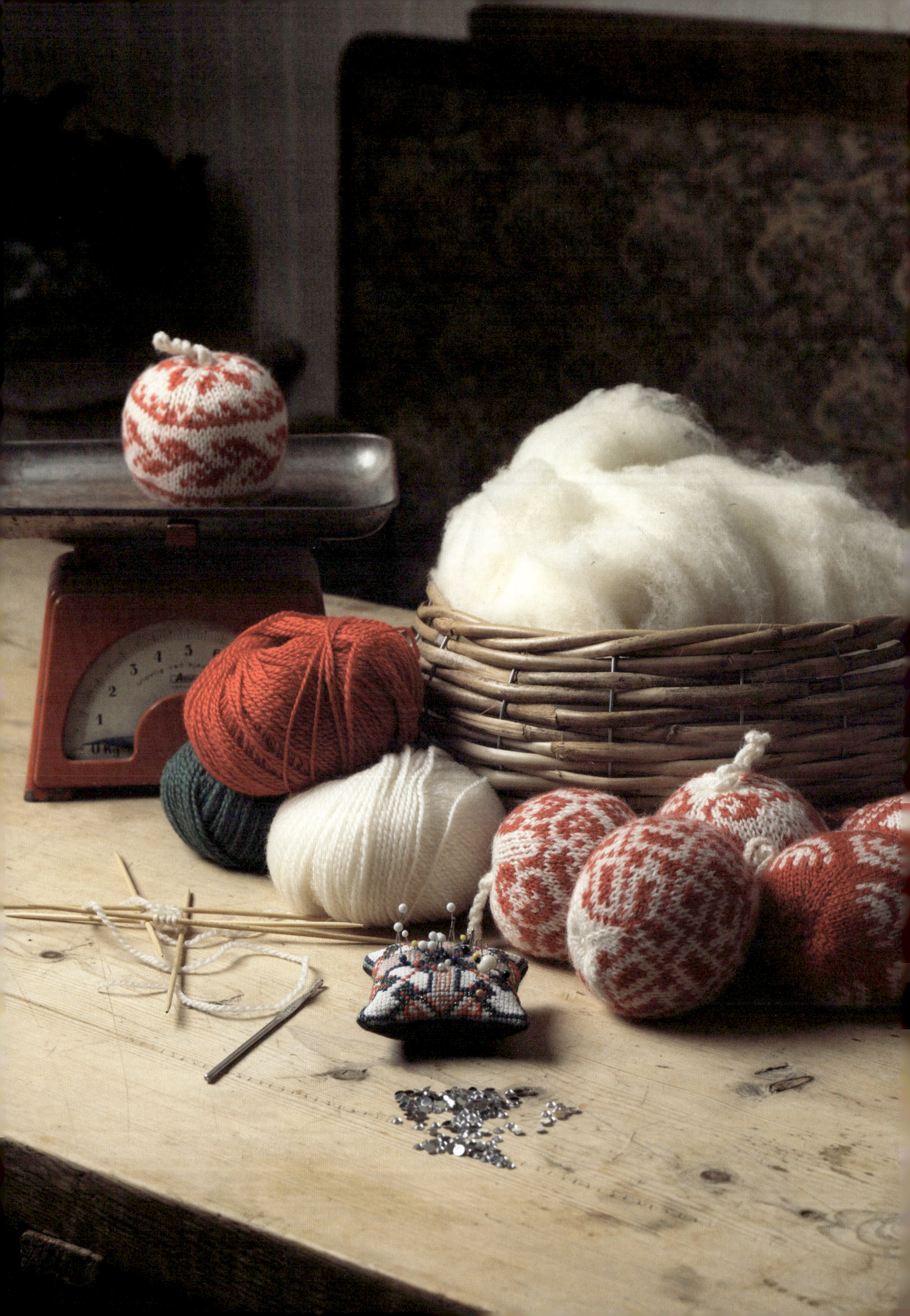

MATERIALIEN
&
TECHNIKEN

MATERIALIEN

WOLLE

Für die Kugeln in diesem Buch haben wir Rowan Norwegian Wool (LL 125 m/50g) oder Rowan Alpaka Soft DK (LL 125 m/50 g) verwendet, aber jedes andere Garn für die Nadelstärke 3,5 mm ist ebenfalls geeignet. Die Kugeln stricken wir bevorzugt mit Wolle statt Baumwolle, da die „wolligeren" Garne unserer Meinung nach besser zum Weihnachtsthema passen.

FARBEN UND MENGENANGABEN

Wir stricken die Kugeln am liebsten in Weiß und Grün, da die Farben im Baum am besten aussehen, aber natürlich können Sie jede andere Farbe verwenden! Es ist schwierig, die benötigte Menge für alle 65 Kugeln in diesem Buch genau zu berechnen, aber als Faustregel gilt, dass 100 Gramm Garn in zwei verschiedenen Farben (2 Knäuel, 50 Gramm in jeder Farbe) ausreichen, um zehn Kugeln zu stricken.

STRICKNADELN UND (HÄKEL-)NADELN

Wir stricken die Kugeln immer mit einem Nadelspiel aus fünf Nadeln. Sie können die Kugeln auch mit einer langen Rundstricknadel (Magic-Loop) oder mit zwei kurzen Rundstricknadeln stricken – Sie haben die Wahl! Wie auch immer Sie die Kugeln stricken, die benötigte Nadelstärke ist 3,5 mm. Sie benötigen außerdem eine Häkelnadel in der Stärke 3,0 mm für die Aufhänger und eine stumpfe Sticknadel, um die Fadenenden zu vernähen und die Aufhänger zu befestigen.

MASCHENPROBE

22 Maschen und 28 Reihen ergeben 10 x 10 cm. Denken Sie daran, dass Sie kein Kleidungsstück stricken und dass das Maschenverhältnis keine große Rolle spielt. Wenn Sie dünneres Garn und dünnere Stricknadeln verwenden, werden die Kugeln einfach kleiner, und wenn Sie lieber mit größeren Nadeln und dickerem Garn arbeiten, werden sie entsprechend größer. Es ist eine Frage der persönlichen Vorliebe, wie groß die Kugeln an Ihrem Baum werden sollen.

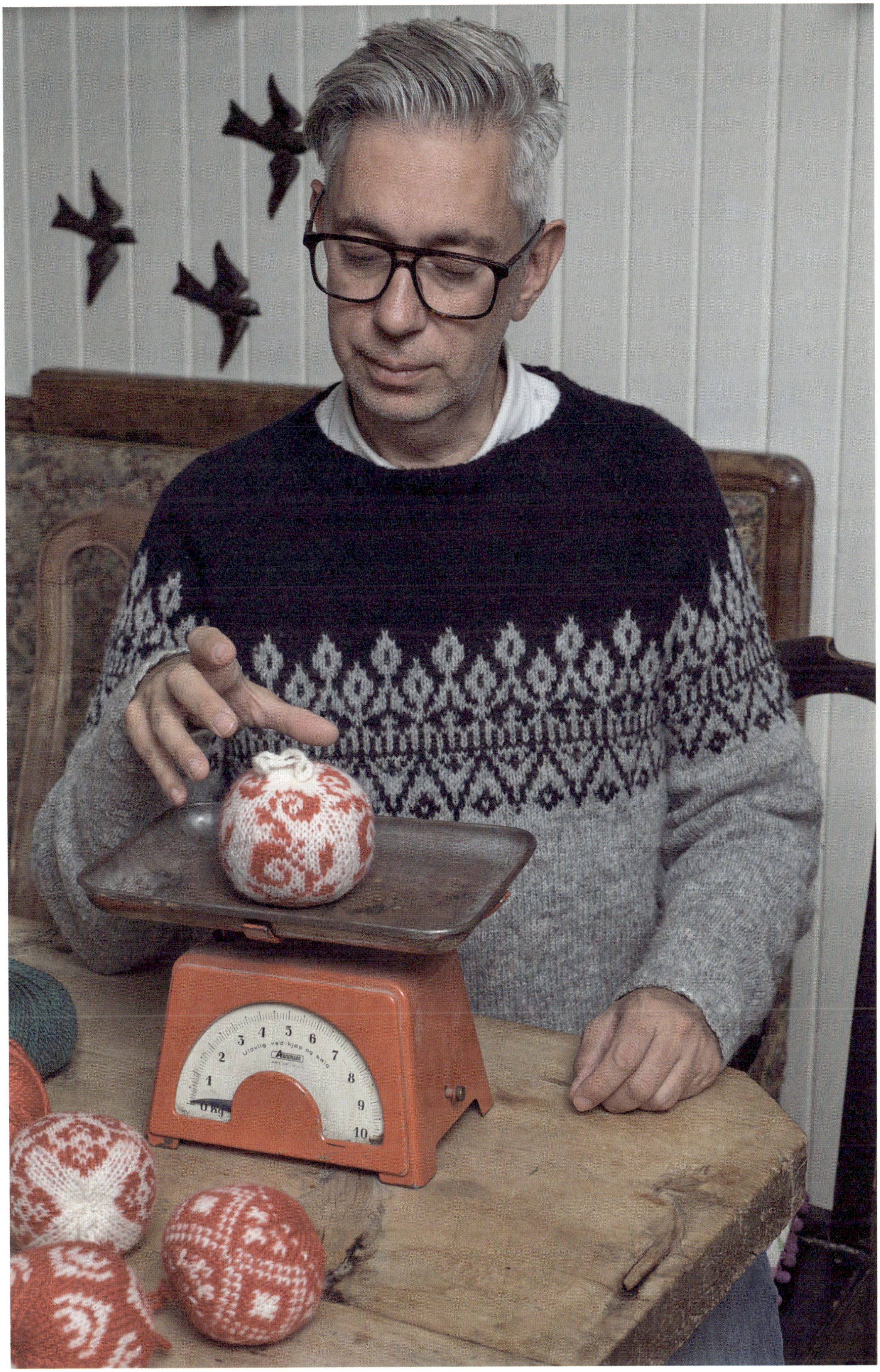

FÜLLUNG

Verwenden Sie zum Füllen reine Wollwatte, da die Kugeln dadurch fester werden und besser ihre Form behalten. Das Füllmaterial ist zwar teurer, Sie benötigen aber weniger Füllung pro Ball, sodass es preislich gesehen nicht viel teurer wird als mit einer Acrylfüllung. Wählen Sie ein Naturweiß oder Beige, das nicht durch die Maschen scheint. Sie benötigen etwa 20 Gramm pro Kugel.

GLAS- ODER STRASSSTEINE

Um unseren Weihnachtskugeln ein wenig Glanz und Glamour zu verleihen, haben wir einige Kugeln mit flachen Strasssteinen verziert, welche Sie im Bastelladen kaufen können. Normalerweise sind diese auf der flachen Rückseite mit Kleber versehen und werden aufgebügelt, da wir die Kugeln jedoch erst nach dem Füllen verzieren, haben wir auf das Bügeleisen verzichtet. Stattdessen haben wir die Kristalle mit Kleber an den Kugeln befestigt. Wir haben Superkleber verwendet, damit sie ewig halten!

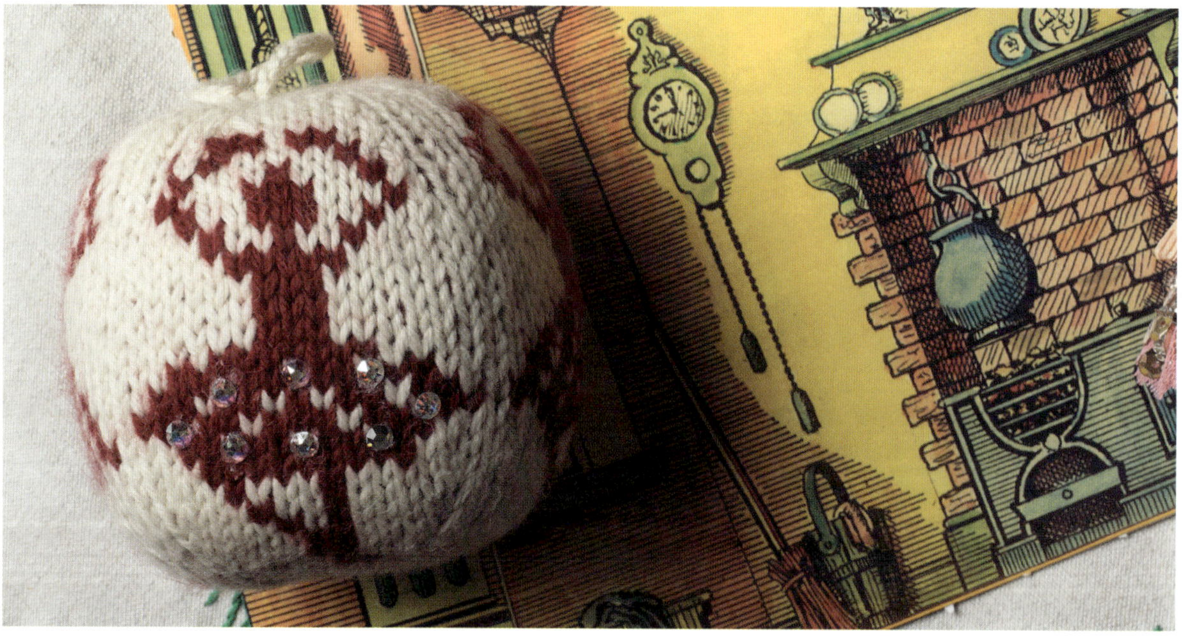

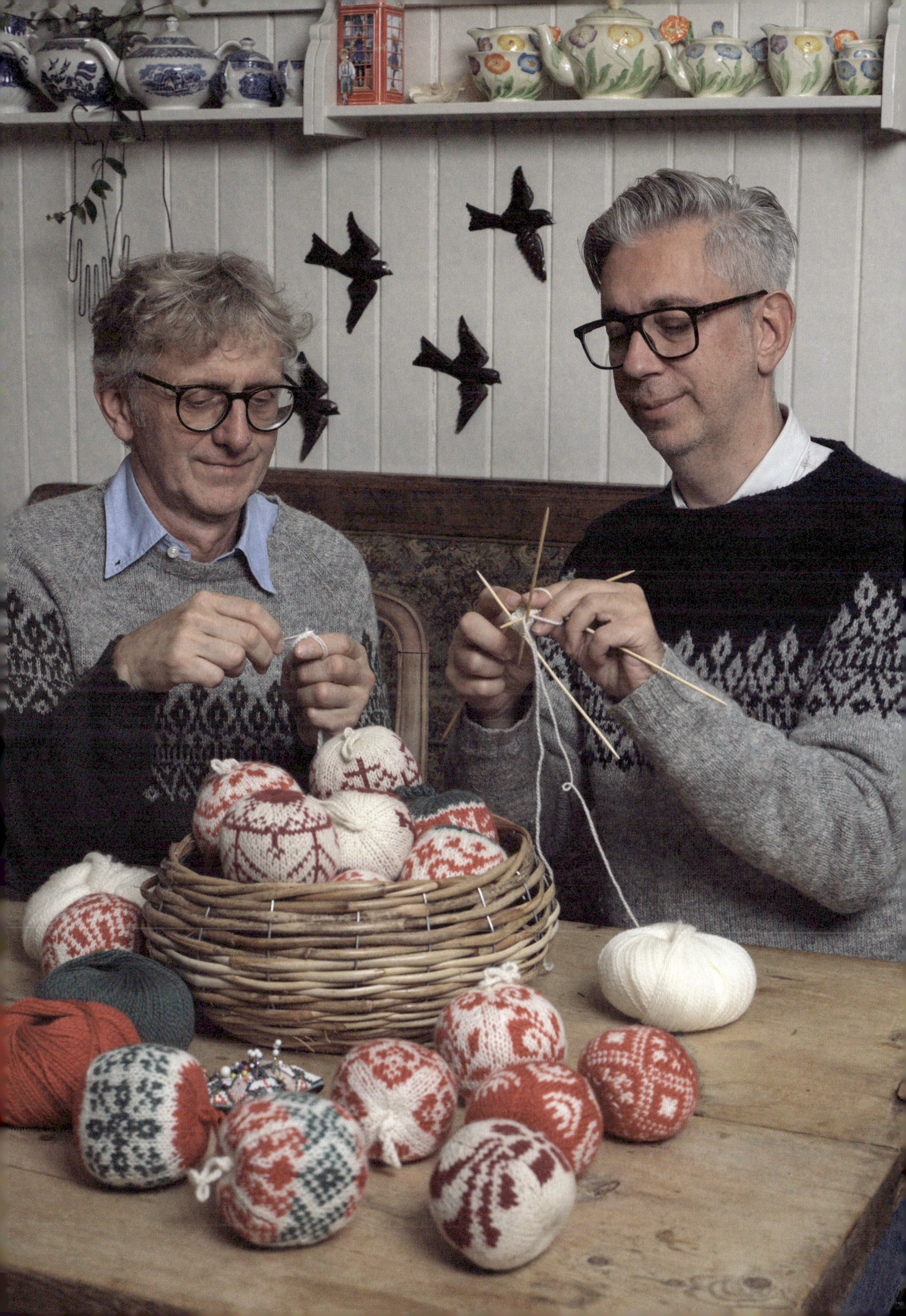

GRUNDTECHNIKEN

Unsere Kugeln werden hauptsächlich in der Fair-Isle-Technik gestrickt, bei der Sie mit zwei oder mehreren Farben abwechselnd stricken. Der nicht gestrickte Faden wird hinter der Arbeit mitgeführt. Sie sollten diesen Faden möglichst nicht über mehr als 4 Maschen mitführen. Wenn in einem Muster mehr als 4 Maschen in derselben Farbe zu stricken sind, verkreuzen Sie die Fäden nach jeweils 3 oder 4 Maschen miteinander, damit der Spannfaden festgehalten wird. Achten Sie darauf, die Fäden in der nächsten Reihe nicht wieder an der gleichen Stelle zu verkreuzen. Wenn Sie die Fäden immer wieder an genau der gleichen Stelle "umeinanderschlingen", ist die darunterliegende Farbe zu sehen. Versetzen Sie stattdessen die Stelle, an der die Fäden verkreuzt werden. Wenn Sie also die Fäden nach 4 Maschen in Reihe 12 verkreuzt haben, verkreuzen Sie sie dann in Reihe 14 nach 3 oder 5 Maschen. Hier finden Sie einige Schritt-für-Schritt-Abbildungen, die Ihnen die Grundlagen zum Stricken der Weihnachtskugeln erklären.

MASCHEN ANSCHLAGEN

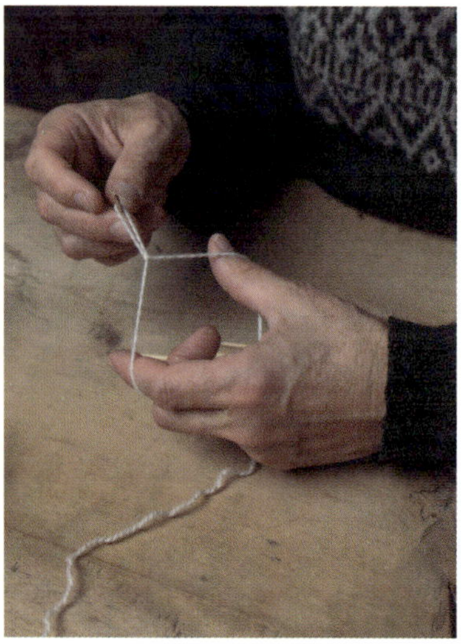

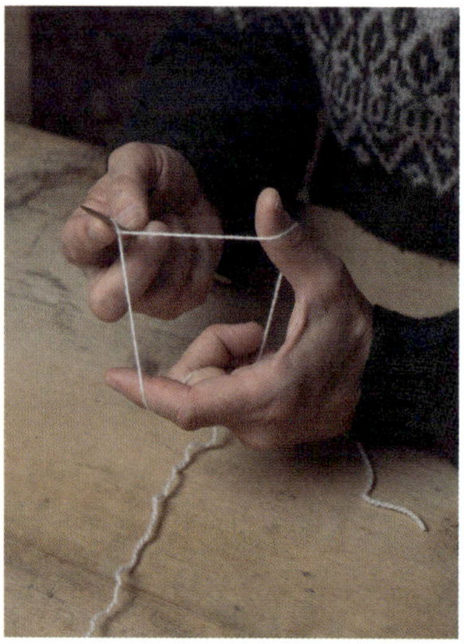

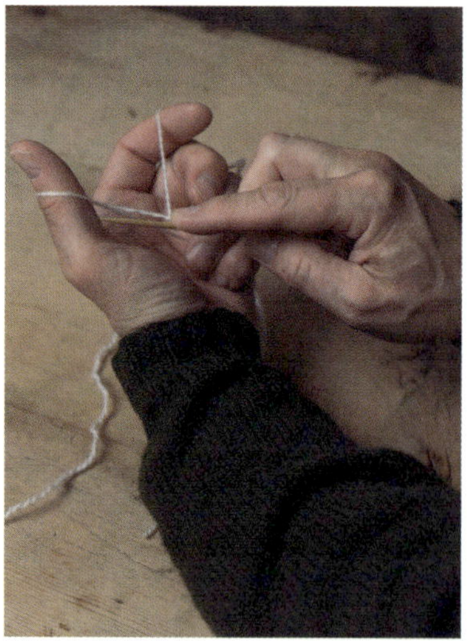

MASCHEN AUF DEN NADELN VERTEILEN

Wenn Sie mit einem Nadelspiel arbeiten, ist es am einfachsten, 12 Maschen auf einer Nadel anzuschlagen und sie dann auf vier Stricknadeln zu verteilen.

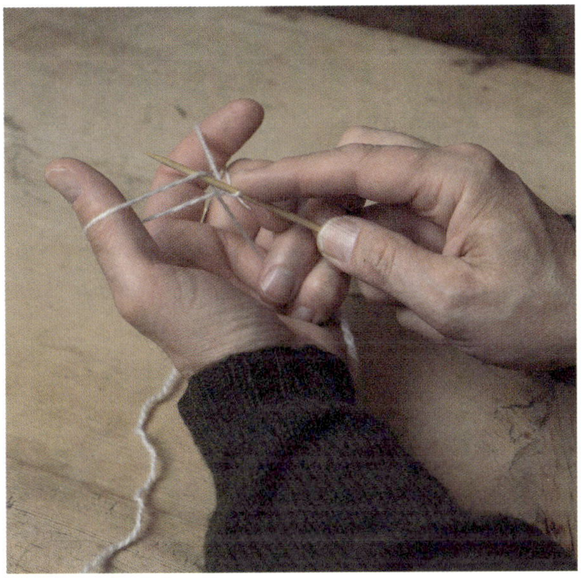

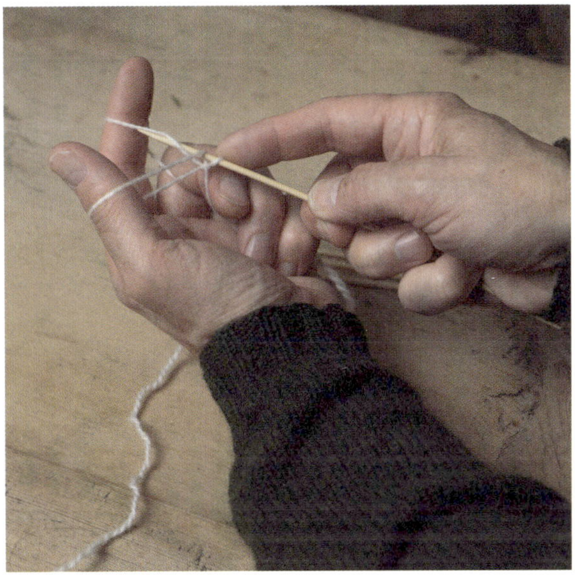

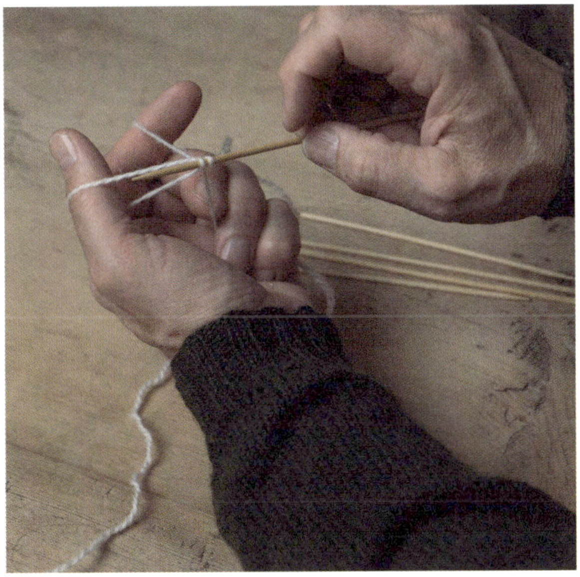

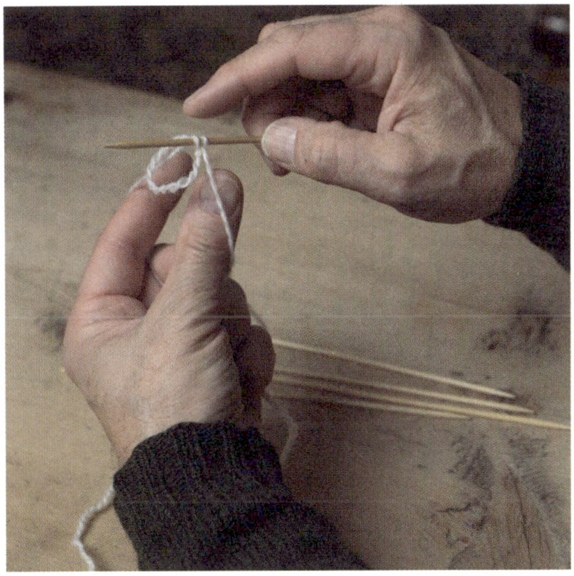

MASCHEN ZUNEHMEN

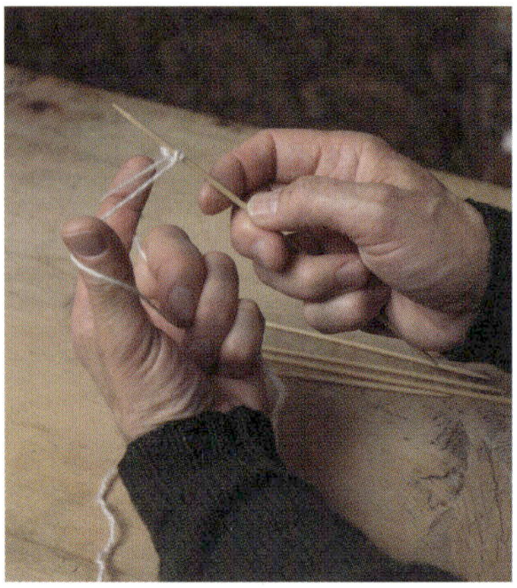
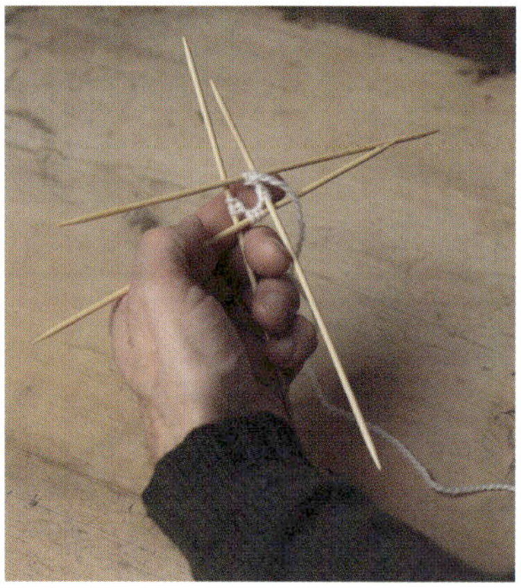
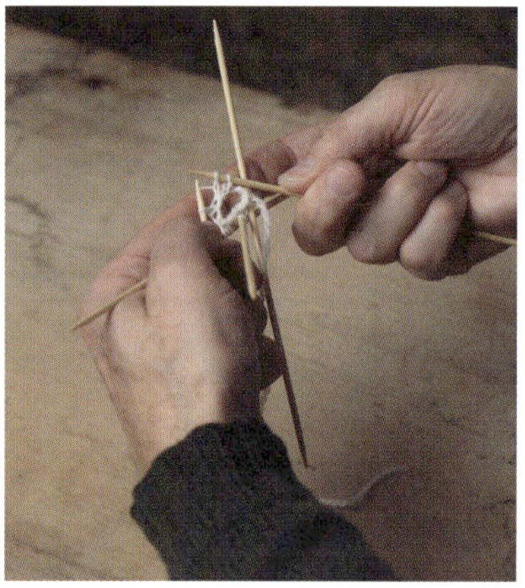

Nehmen Sie am Anfang einer Reihe nach der ersten Masche eine neue Masche aus dem Querfaden auf und stricken Sie diese verschränkt rechts ab.

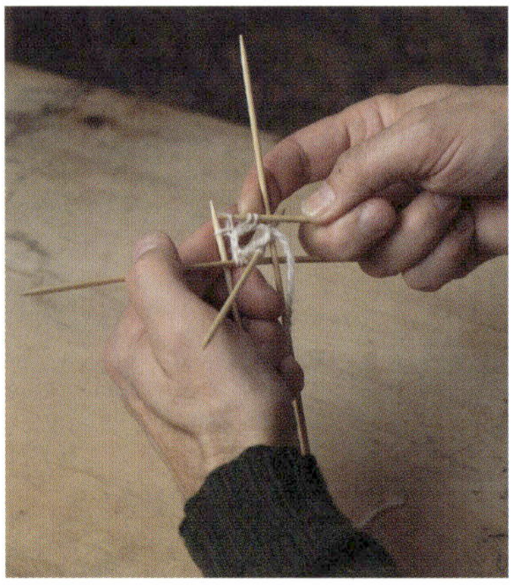
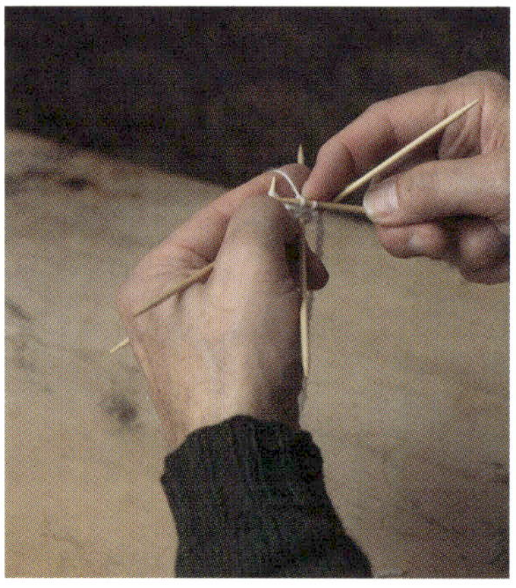
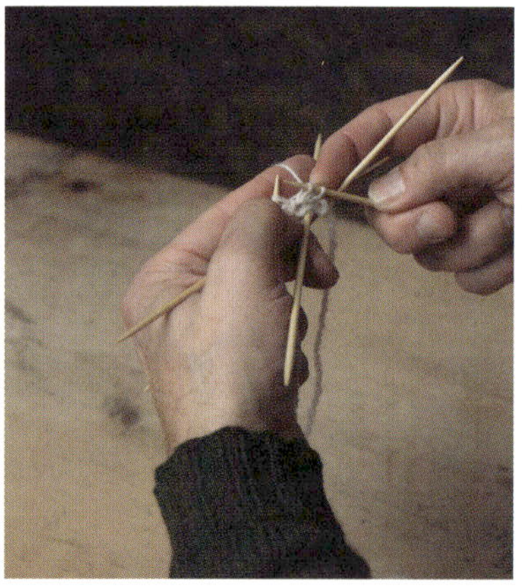

Nehmen Sie am Ende einer Reihe vor der letzten Masche eine neue Masche aus dem Querfaden auf und stricken Sie diese verschränkt rechts ab. So entsteht kein Loch im Strickstück und auch die Füllung scheint später nicht durch. Nähen Sie das Fadenende immer fest, abgesehen vom Faden beim Anschlagen. Mit diesem Faden nähen Sie die Kugel nach dem Füllen zu.

MASCHEN ABNEHMEN (EINE MASCHE IST EINE MUSTERMASCHE)

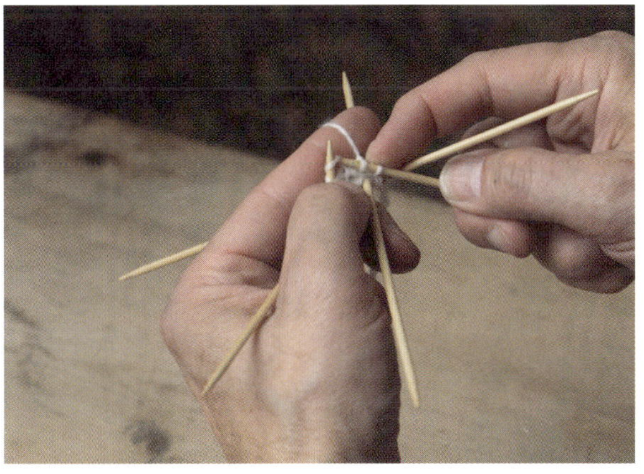

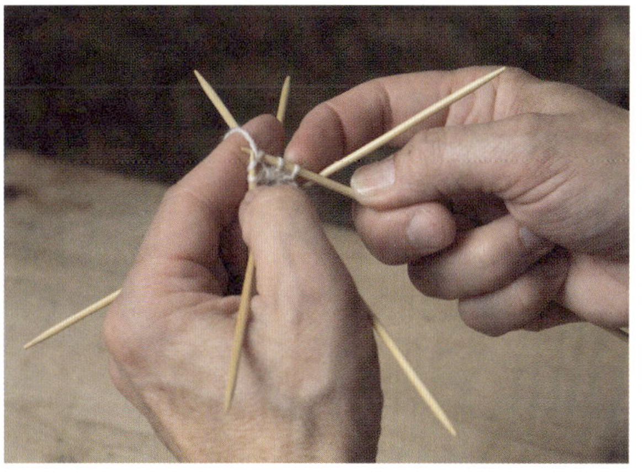

Wenn Maschen zusammengestrickt werden sollen und die erste der beiden Maschen eine Mustermasche ist, stricken Sie die beiden Maschen rechts verschränkt zusammen, damit die Mustermasche über der Abnahme liegt.

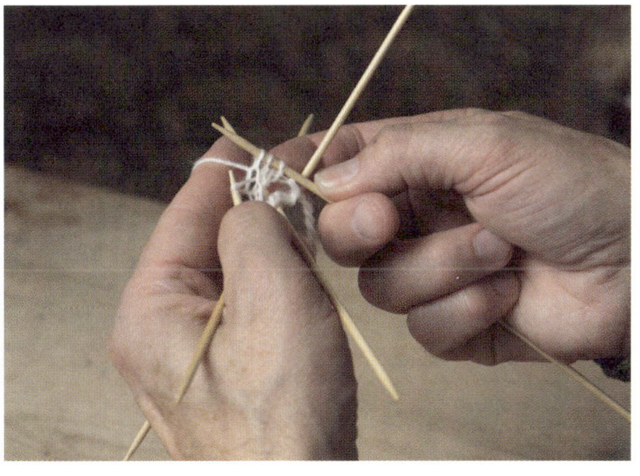

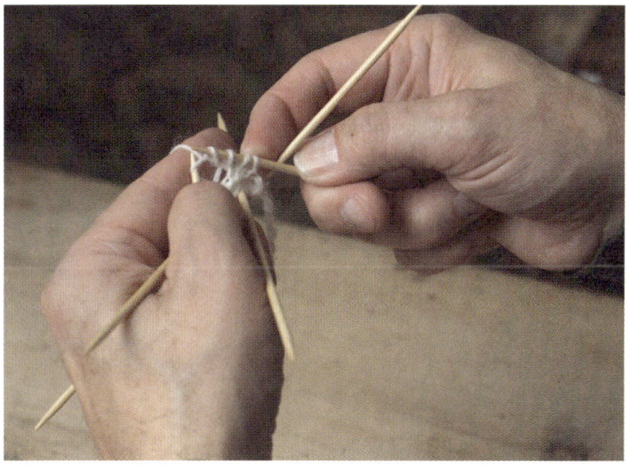

Ist die Mustermasche die zweite der beiden Maschen, dann stricken Sie die beiden Maschen rechts zusammen.

MASCHEN ABNEHMEN (DIE ERSTEN BEIDEN MASCHEN SIND MUSTER-MASCHEN)

Stricken Sie zwei Maschen rechts verschränkt zusammen. Dann liegt die Mustermasche auf den Maschen und verdeckt sie nicht.

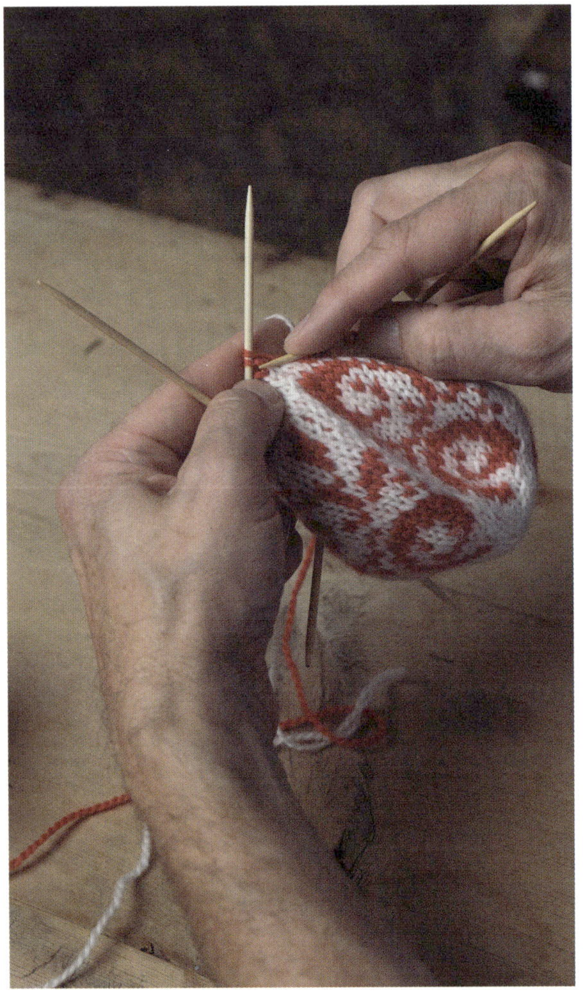

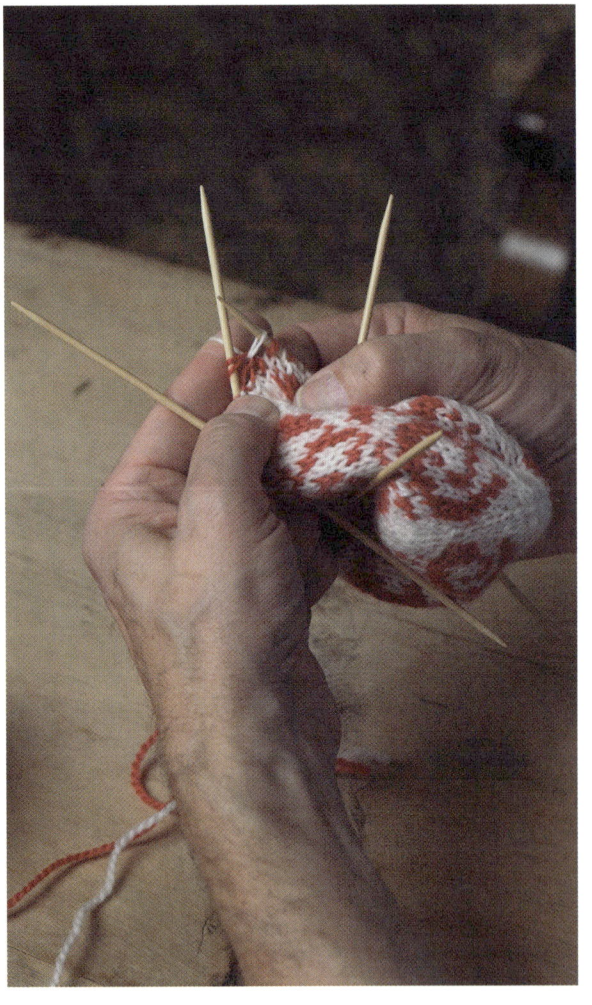

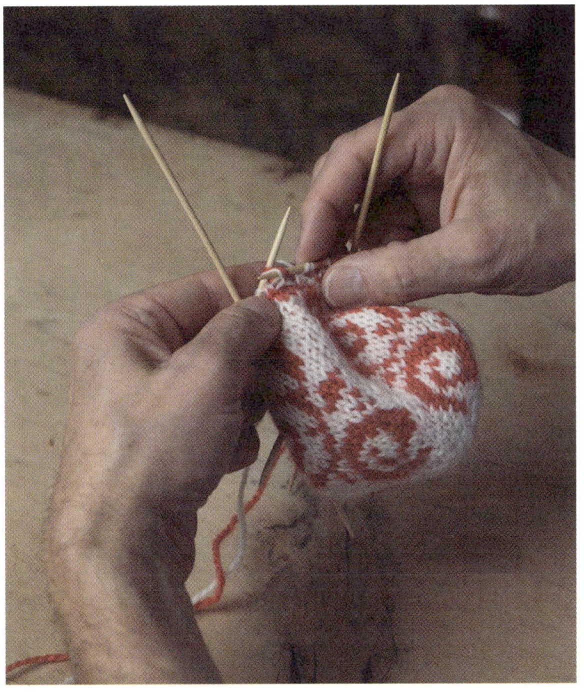

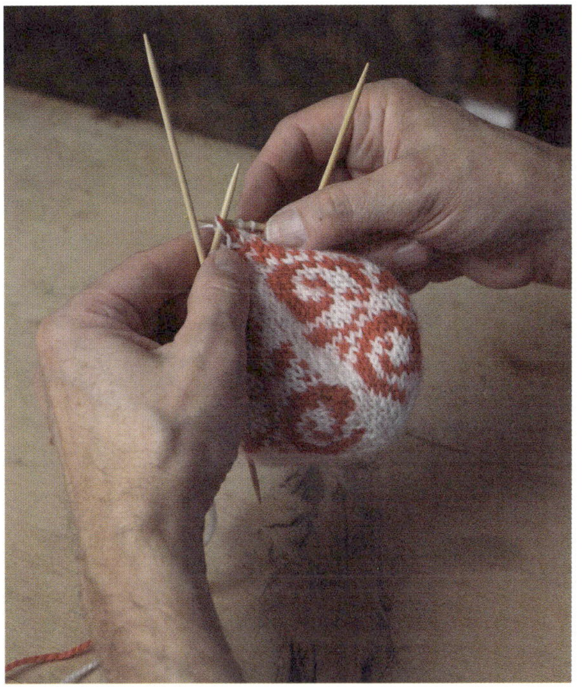

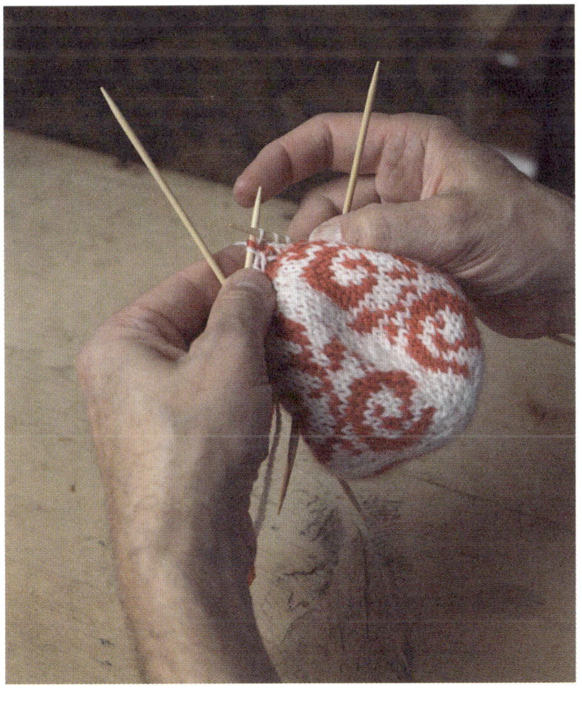

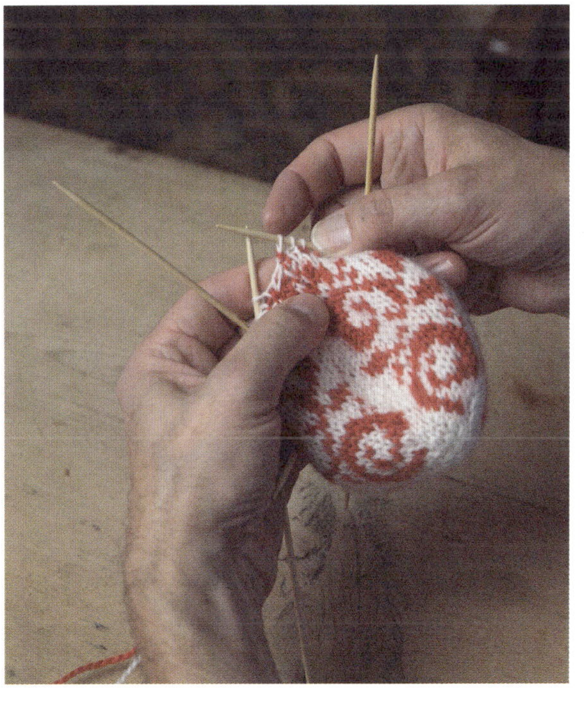

FARBE FÜR DEN AUFHÄNGER

Für den Aufhänger wählen wir meist die Hauptfarbe der Weihnachtskugel. Eine überwiegend rote Kugel bekommt einen roten Aufhänger. Wenn die Hauptfarbe Weiß ist, wird der Aufhänger in Weiß gehäkelt. So sind die Stiche beim Vernähen der Fäden kaum zu sehen.

AUFHÄNGER HÄKELN

1. Legen Sie den Faden auf der Häkelnadel zur Schlaufe. Ziehen Sie ihn ein wenig fest, aber nicht zu fest. Der Endfaden muss so lange gelassen werden, dass er nachher einmal durch die ganze Kugel gezogen werden und festgenäht werden kann. Holen Sie den Faden vom Knäuel und ziehen Sie ihn durch die Schlaufe auf der Nadel. So häkeln Sie eine Luftmasche.

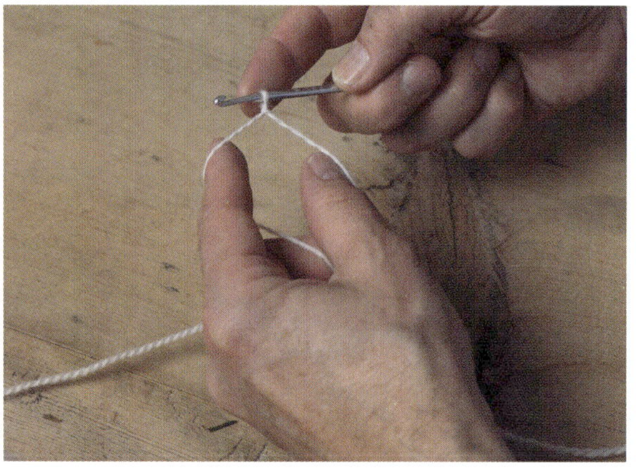

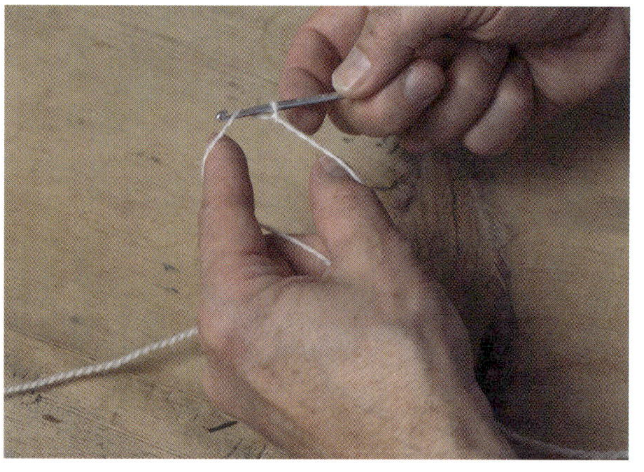

2. Häkeln Sie insgesamt 40 Luftmaschen.

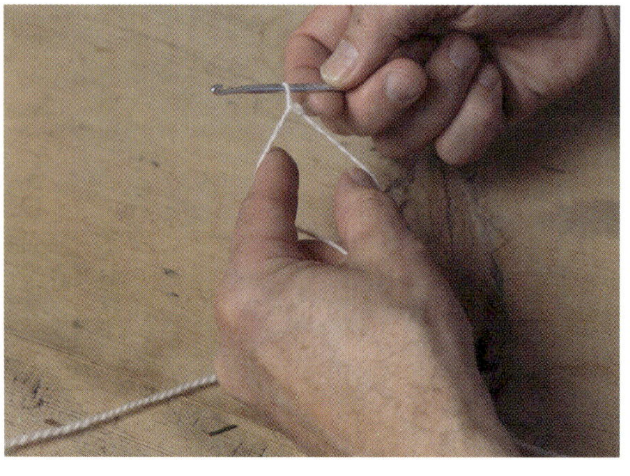

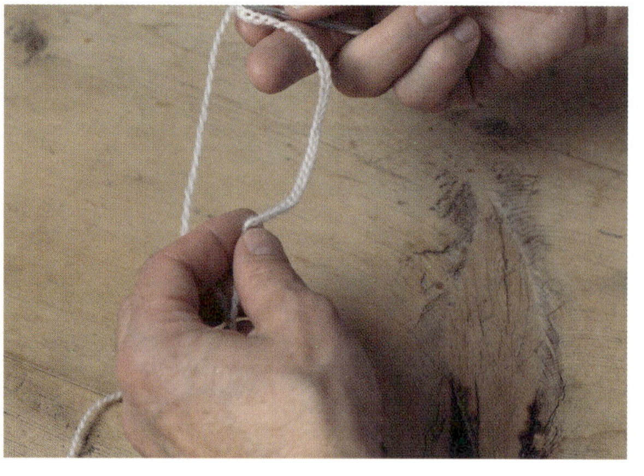

3. Stechen Sie die Häkelnadel in die erste Luftmasche der gehäkelten Kette.

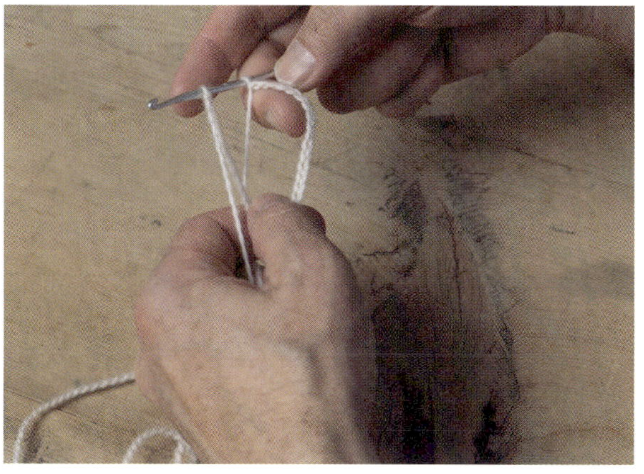

4. Holen Sie den Faden vom Knäuel und ziehen Sie ihn durch die beiden Maschen auf der Häkelnadel.

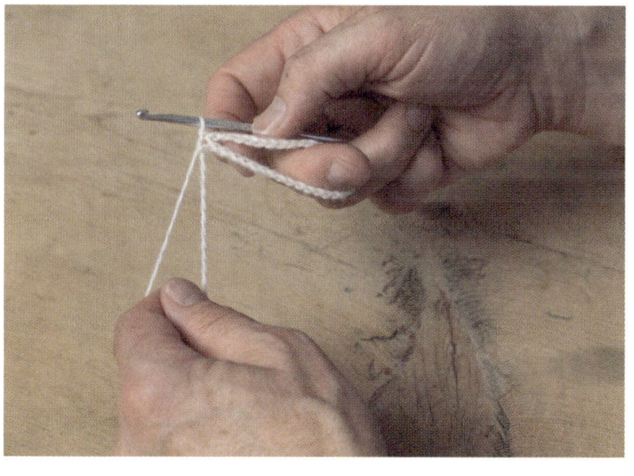

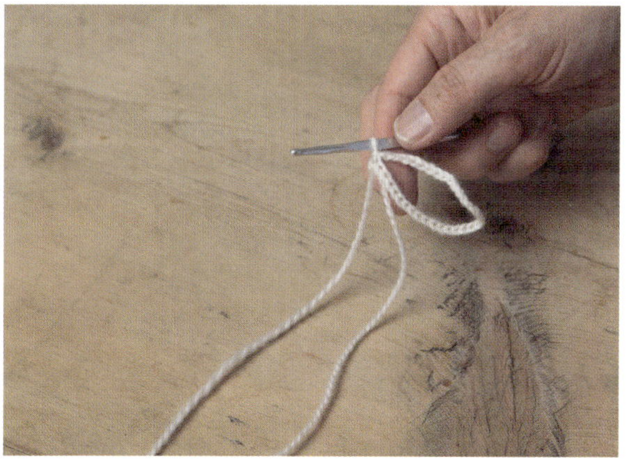

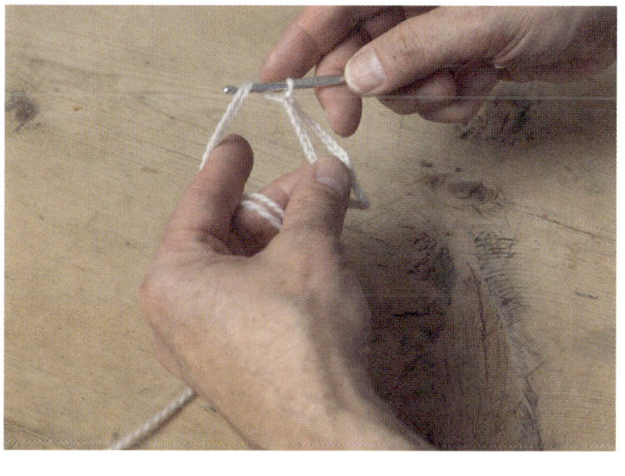

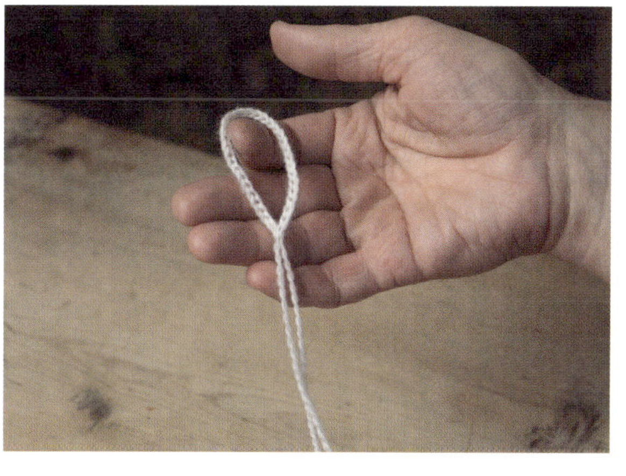

5. Scheiden Sie den vom Knäuel kommenden Faden ab und ziehen Sie beide Endfäden durch die Masche auf der Nadel. Ziehen Sie die Fadenenden fest. Jetzt können Sie den Aufhänger an der Kugel befestigen. Dazu ziehen Sie beide Fadenenden einzeln von oben nach unten durch die Öffnung der Kugel. Nun ziehen Sie die Fäden so durch die Kugel, dass der Aufhänger auf der Kugel liegt. Ziehen Sie die Fäden jedoch nicht zu fest, sonst bekommt die Kugel eine Apfelform. Knoten Sie die beiden Fäden zusammen und vernähen Sie sie im Inneren der Kugel. Fertig ist die Weihnachtskugel!

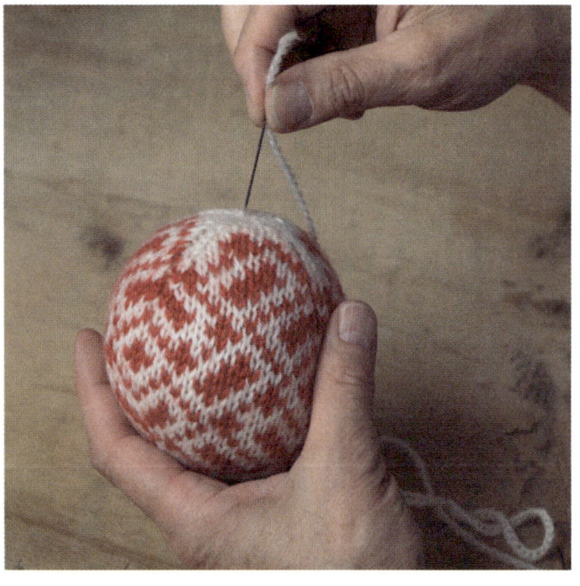

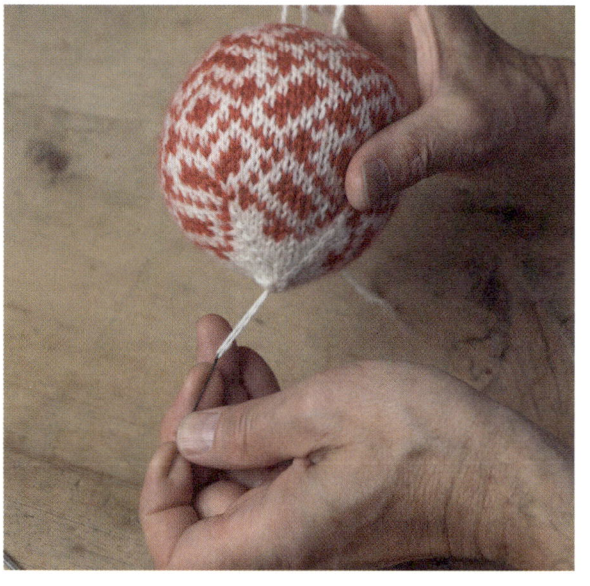

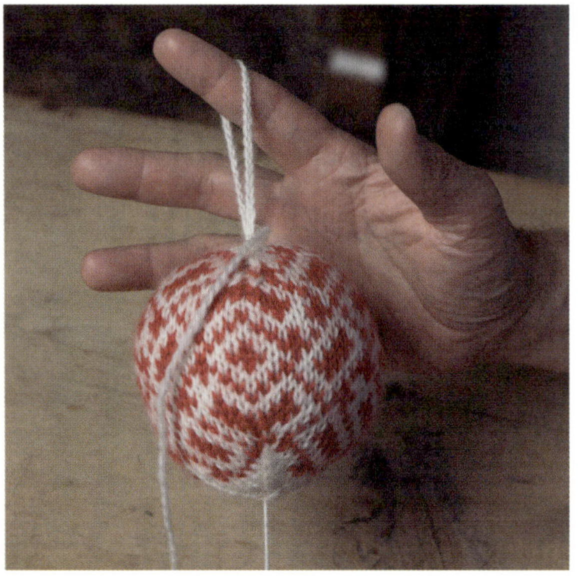

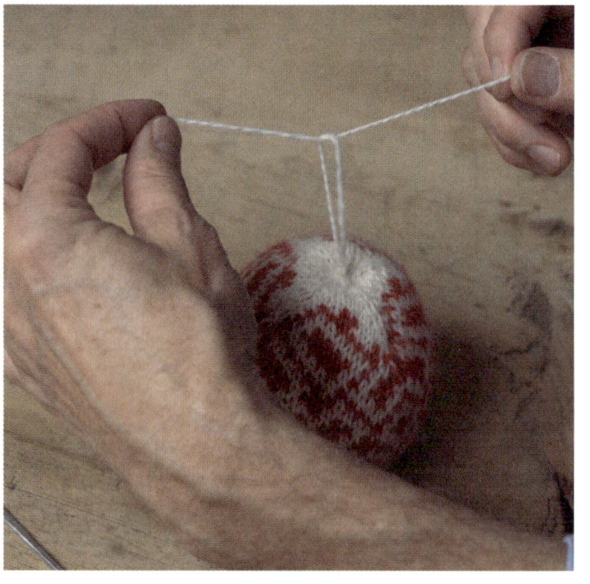

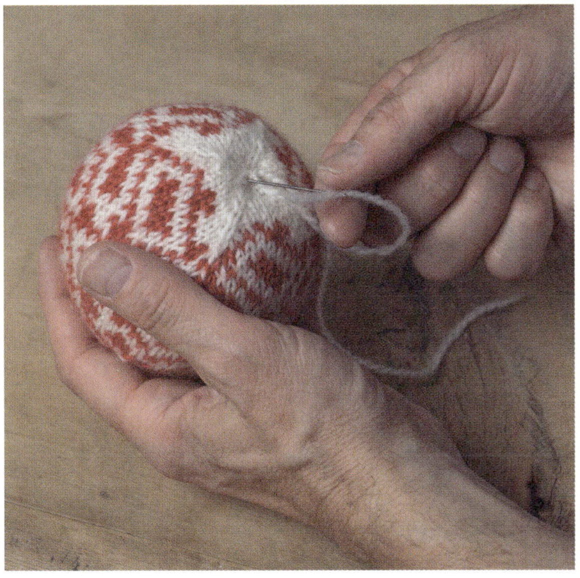
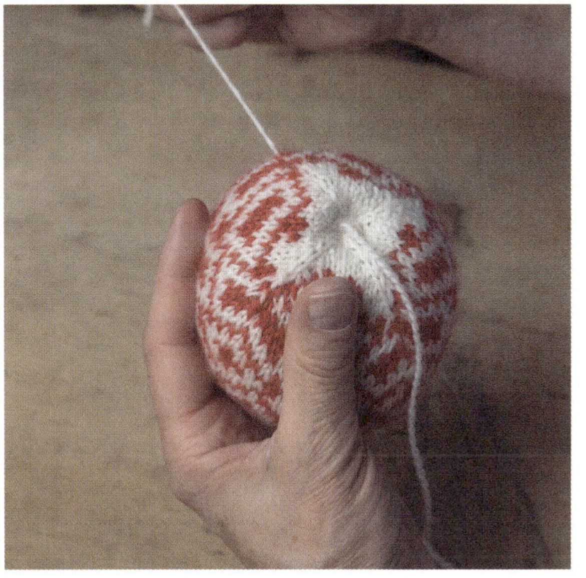
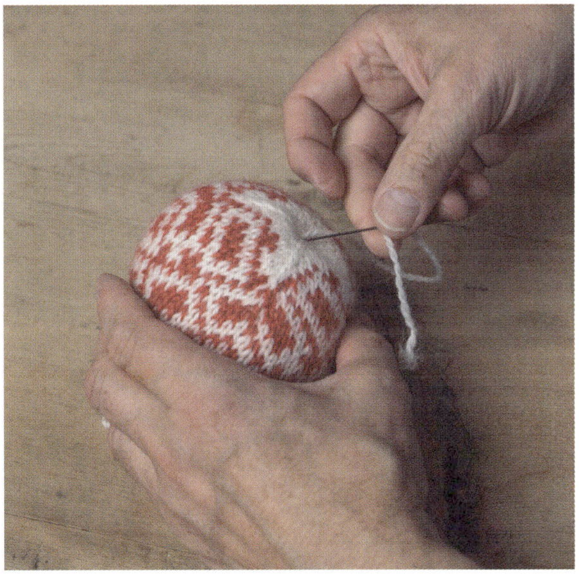
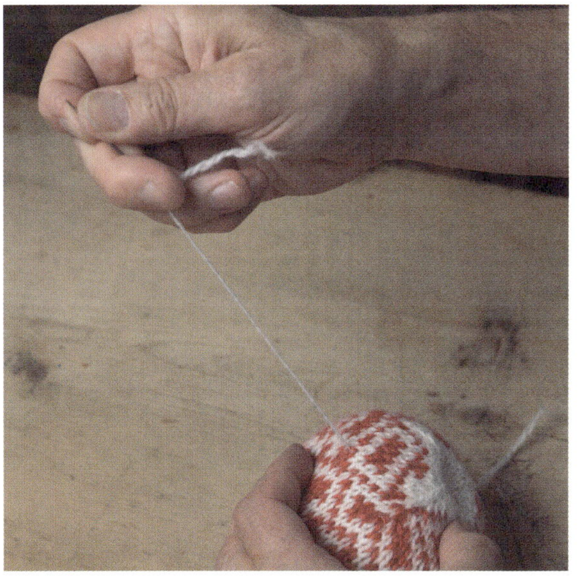
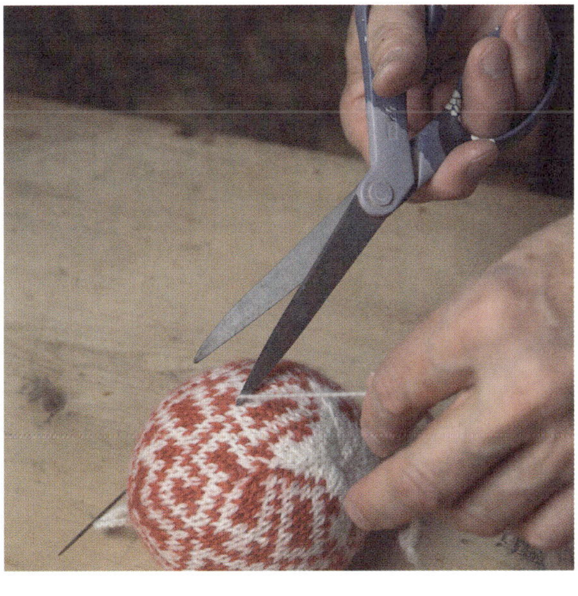
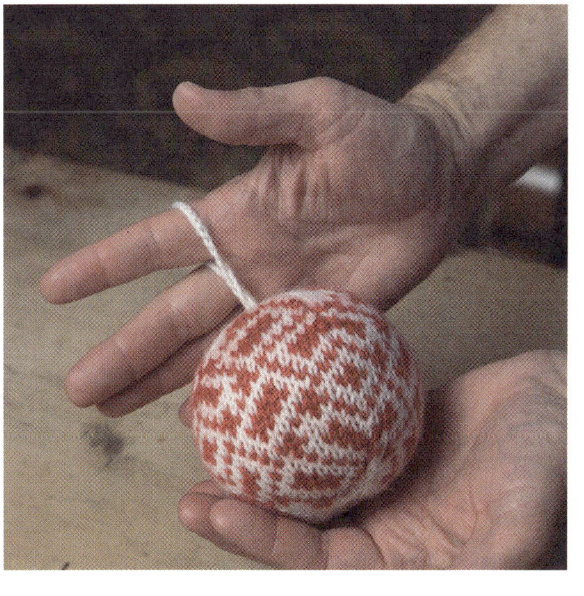

GRUNDANLEITUNG

Diese Anleitung ist die Grundlage für alle 65 Kugeln in diesem Buch. Die Muster für die Kugeln sind so entworfen, dass sie nach der Grundanleitung gearbeitet werden können. Denken Sie daran, dass die Zählmuster nur die Maschen für ein Viertel der Kugel zeigen. Die Maschen des Musters müssen pro Runde vier Mal wiederholt werden. Dabei sind die unteren drei Maschen die, die aufgeschlagen werden (also nicht gestrickt werden). Auch die oberen drei Maschen werden nicht gestrickt. In dieser Runde ziehen Sie das Fadenende durch die letzten zwölf Maschen, ziehen den Faden fest an und verschließen die Kugel. Bei den meisten Weihnachtskugeln wird das Strickmuster auf vier Nadeln gestrickt, bei einigen jedoch nur auf zwei oder sogar nur einer Nadel (in diesem Fall sind zwei oder vier Zählmuster nebeneinander abgebildet).
In der letzten Runde schneiden Sie den Faden ab und ziehen das Fadenende durch die verbleibenden 12 Maschen, ziehen es fest an und vernähen es von links.

SIE BRAUCHEN:

Nadelspiel 3,5 mm

ABKÜRZUNGEN

anschl = anschlagen
M = Masche(n)
Nd = Nadel(n)
Rd = Runde(n)
str = stricken

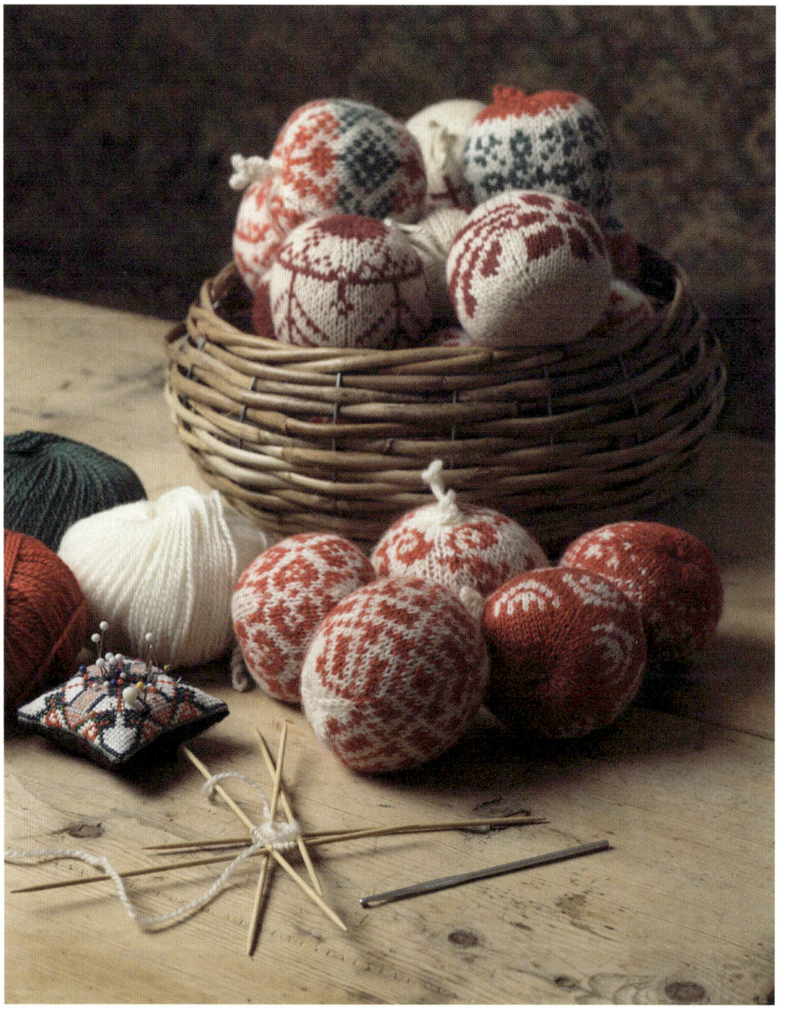

SO FANGEN SIE AN

1. Rd (= die unteren 3 Quadrate des Zählmusters): 12 M mit Nd 3,5 mm anschl, gleichmäßig auf 4 Nd des Nd-spiels verteilen (= 3 M je Nd).
2. Rd: 12 M rechts str.
3. Rd: * 2 M rechts, 1 M zunehmen, 1 M rechts str, ab * noch 3x wdh. („Maschen zunehmen" siehe Seite 14).
4. Rd: 16 M rechts str.
5. Rd: * 1 M rechts, 1 M zunehmen, 2 M rechts, 1 M zunehmen, 1 M rechts str, ab * noch 3x wdh.
6. Rd: 24 M rechts str.
7. Rd: *1 M rechts, 1 M zunehmen, 4 M rechts, 1 M zunehmen, 1 M rechts str, ab * noch 3x wdh.
8. Rd: 32 M rechts str.
9. Rd: * 1 M rechts, 1 M zunehmen, 6 M rechts, 1 M zunehmen, 1 M rechts str, ab * noch 3x wdh.
10. Rd: 40 M rechts str.
11. Rd: * 1 M rechts, 1 M zunehmen, 8 M rechts, 1 M zunehmen, 1 M rechts str, ab * noch 3x wdh.
12. Rd: 48 M rechts str.
13. Rd: * 1 M rechts, 1 M zunehmen, 10 M rechts, 1 M zunehmen, 1 M rechts str, ab * noch 3x wdh.
14. Rd: 56 M rechts str.
15. Rd: * 1 M rechts, 1 M zunehmen, 12 M rechts, 1 M zunehmen, 1 M rechts str, ab * noch 3x wdh.
16.-27. Rd: 64 M rechts str.
28. Rd: * 1 M rechts, 2 M zusammenstr, 10 M rechts, 2 M zusammenstr, 1 M rechts str, ab * noch 3x wdh. („Maschen abnehmen" siehe Seite 15)
29. Rd: 56 M rechts str.
30. Rd: * 1 M rechts, 2 M zusammenstr, 8 M rechts, 2 M zusammenstr, 1 M rechts str, ab * noch 3x wdh.
31. Rd: 48 M rechts str.
32. Rd: * 1 M rechts, 2 M zusammenstr, 6 M rechts, 2 M zusammenstr, 1 M rechts str, ab * noch 3x wdh.
33. Rd: 40 M rechts str.
34. Rd: * 1 M rechts, 2 M zusammenstr, 4 M rechts, 2 M zusammenstr, 1 M rechts str, ab * noch 3x wdh.
35. Rd: 32 M rechts str.
36. Rd: * 1 M rechts, 2 M zusammenstr, 2 M rechts, 2 M zusammenstr, 1 M rechts str, ab * noch 3x wdh.
37. Rd: 24 M rechts str.
38. Rd: * 1 M rechts, 2x 2 M zusammenstr, 1 M rechts str, ab * noch 3x wdh.
39. Rd: 16 M rechts str.
40. Rd: * 1 M rechts, 2 M zusammenstr, 1 M rechts str, ab * noch 3x wdh.
41. Rd (= die oberen 3 Quadrate des Zählmusters): Faden 20 cm lang abschneiden, durch die letzten 12 M ziehen.

STICKEN

Bei einigen Kugeln ist es praktischer, das Motiv im Maschenstich aufzusticken. Die Schritt-für-Schritt-Anleitung zeigt Ihnen, wie das gelingt:

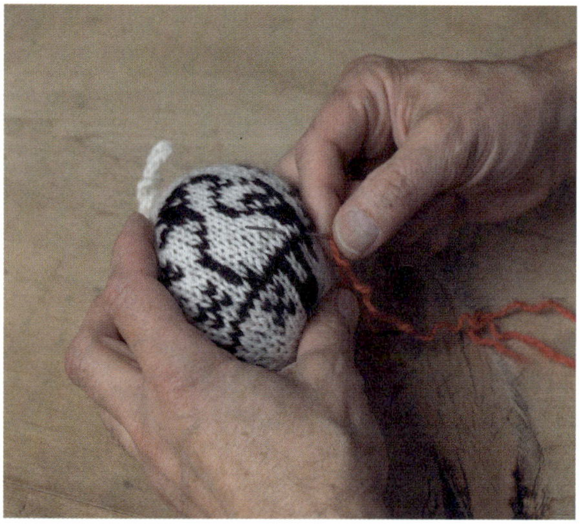

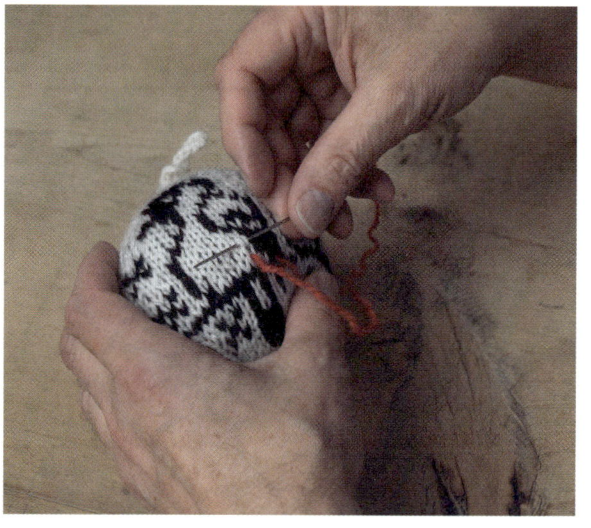

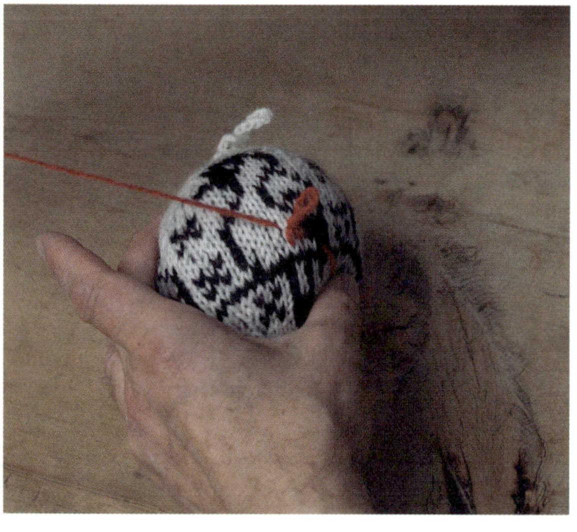

WENN DAS STRICKEN VON MUSTERN AUF EINER SEHR KLEINEN FLÄCHE SCHWIERIG IST UND DER ABSTAND ZWISCHEN ZWEI MUSTER-MASCHEN ZU GROSS WIRD, STRICKEN SIE ZUERST DIE KUGEL IN EINER FARBE. MARKIEREN SIE IN DER MITTE DES ZÄHLMUSTERS AUF JEDER NADEL MIT EINEM FADEN DEN BEGINN DES MUSTERS. STICKEN SIE ZUM SCHLUSS DAS MUSTER AUF DIE FERTIG GESTRICKTE WEIH-NACHTSKUGEL.

KUGEL FÜLLEN UND ZUNÄHEN

Achten Sie darauf, dass die zwölf Maschen am oberen Rand gleichmäßig liegen. Fädeln Sie den Faden nochmals durch alle Maschen am oberen Rand und ziehen Sie den Faden fest. Dämpfen Sie die Kugel (siehe unten) und füllen Sie sie mit Wollfüllung. Zupfen Sie die Wollfüllung vor dem Füllen ein wenig auseinander, damit sie fluffiger wird und sich gleichmäßiger in der Kugel verteilen lässt. Drücken Sie mit dem Zeigefinger feine Schichten Wollfüllung in die Kugel. Nähen Sie die Unterseite zu und vernähen Sie alle Fadenenden. Stopfen Sie die Kugel nicht zu voll, da sie sonst eine ungleichmäßige Form bekommt.

AUFHÄNGER ANNÄHEN

Eine ausführliche Erklärung finden Sie auf Seite 18. Häkeln Sie eine Kette aus 40 Luftmaschen. Das Fadenende sollte lang genug ist, um es durch das ganze Knäuel zu ziehen. Schließen Sie die Luftmaschen mit einer festen Masche in der ersten Luftmasche. Ziehen Sie beide Fadenenden durch die letzte Masche auf der Nadel und nähen Sie das Fadenende durch die Weihnachtskugel fest.

DÄMPFEN

Stellen Sie Ihr Bügeleisen auf die höchste Stufe und feuchten Sie ein Handtuch leicht an. Legen Sie eine Weihnachtskugel auf das Bügelbrett, decken Sie sie mit dem feuchten Handtuch ab und drücken Sie mit dem Bügeleisen fest auf. Dadurch entsteht Dampf. Drücken Sie so lange mit dem Bügeleisen, bis die Kugel so flach wie ein Pfannkuchen wird.

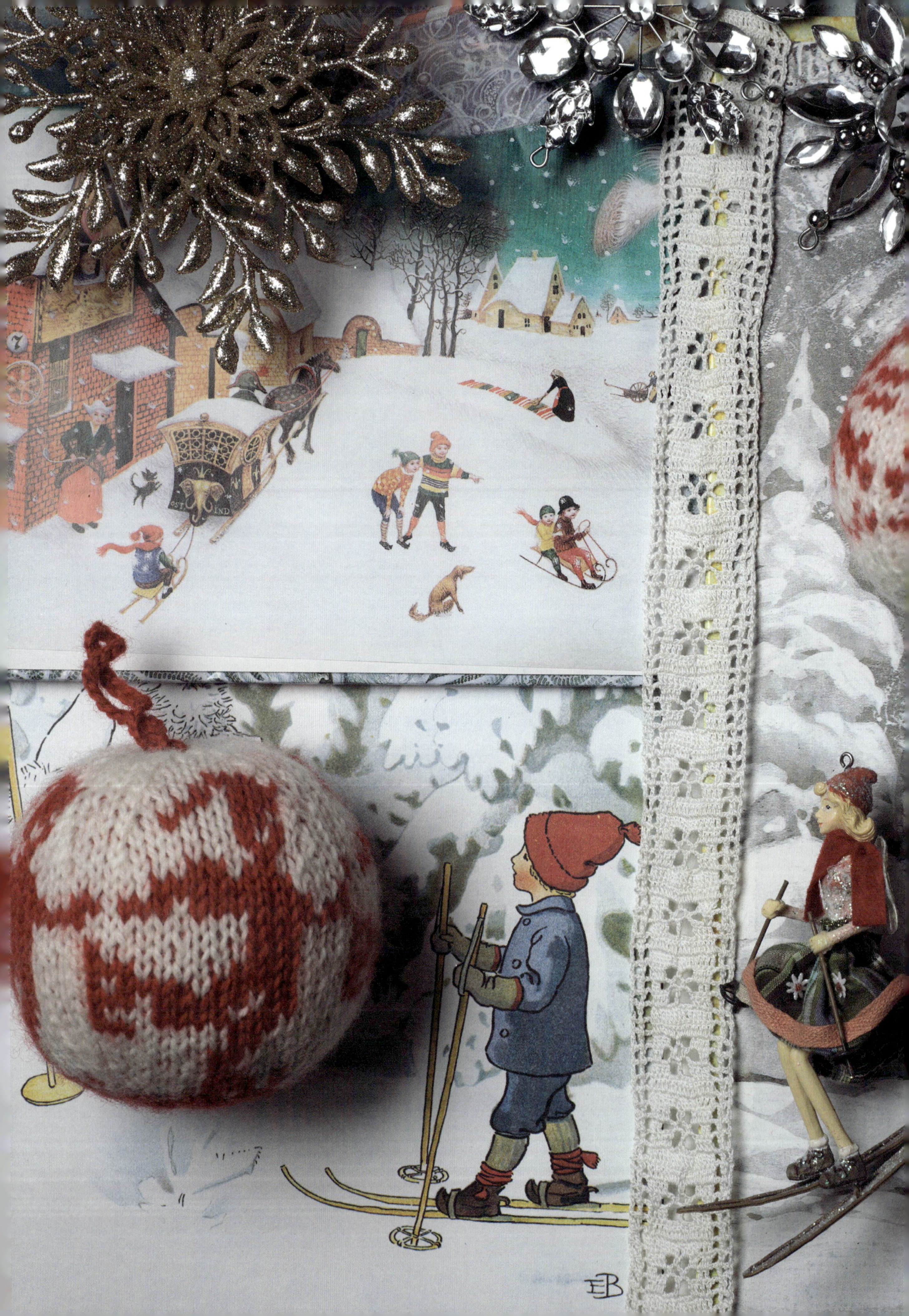

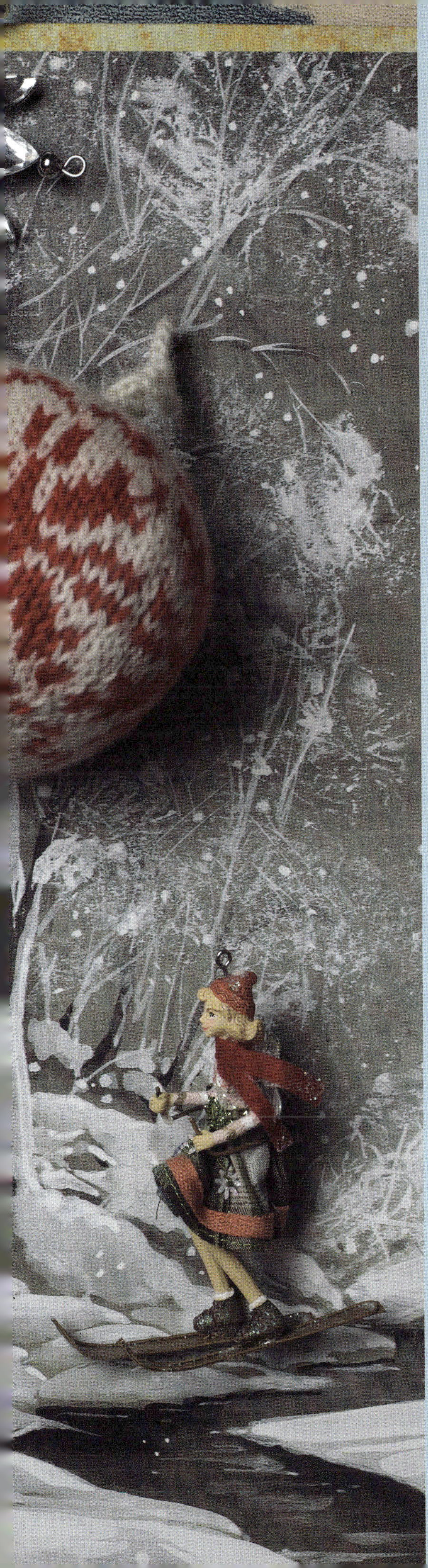

LET IT SNOW

ES LIEGT EIN ZAUBER ÜBER DIESEM ERSTEN TAG, AN DEM WIR WACH WERDEN, DIE GARDINEN ZUR SEITE ZIEHEN UND AUF EINE WEICHE, WEISSE SCHNEEDECKE BLICKEN.

Dort, wo wir in Norwegen leben, geschieht dies normalerweise Ende Oktober oder Anfang November. Wir gehen in die Küche, zünden Kerzen an und machen ein Feuer im Kamin. Wir sitzen da, hören Radio mit dem Knistern des Feuers im Hintergrund, nehmen unsere Stricknadeln und stricken unsere erste Weihnachtskugel.

Das ist der Moment, in dem wir anfangen, alle Aktivitäten zu planen, die wir bis zum Heiligen Abend erledigen möchten. Wie viele Weihnachtsworkshops wollen wir organisieren? Welche Art von Weihnachtsdekoration wollen wir dieses Jahr basteln? Welche Plätzchen wollen wir backen? Es gibt viele Entscheidungen zu treffen, und wir werden bald in den Weihnachtsrhythmus kommen.

Dieses Kapitel zeigt eine Auswahl von Weihnachtsmotiven, die vom ersten Schnee inspiriert sind: Schneekristalle, Schneeflocken und Spaß im Schnee. Es sind die perfekten Kugeln für den Beginn der Weihnachtszeit, bevor uns andere typische Weihnachtsaktivitäten in Beschlag nehmen!

TANNE

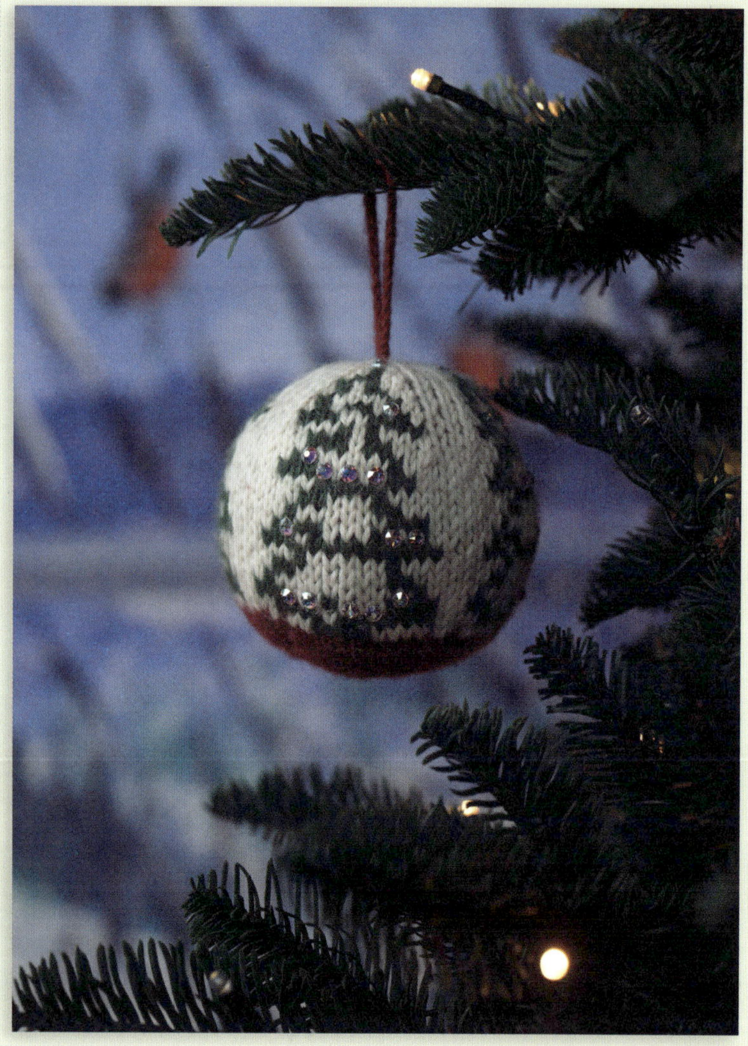

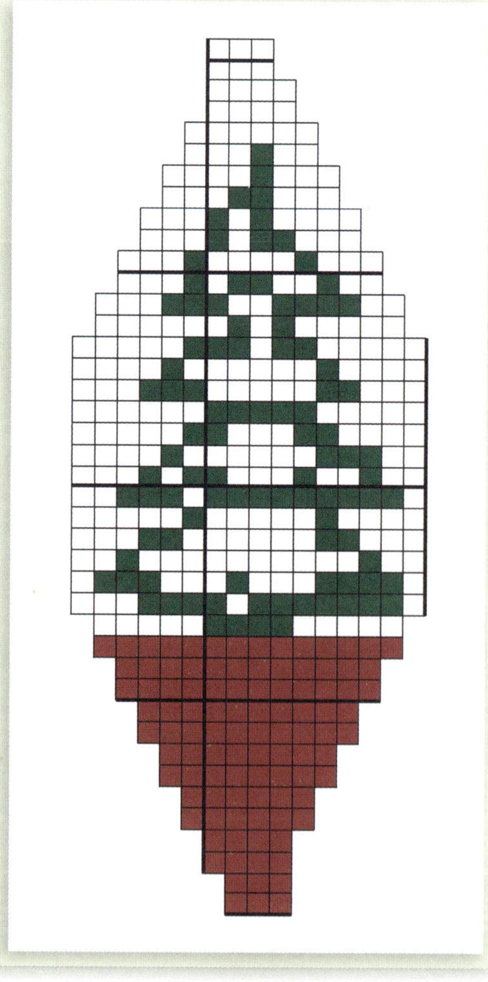

VERZIEREN SIE DIE KUGELN ZUSÄTZLICH MIT GLAS- ODER STRASSSTEINEN.

SCHNEEFLOCKE

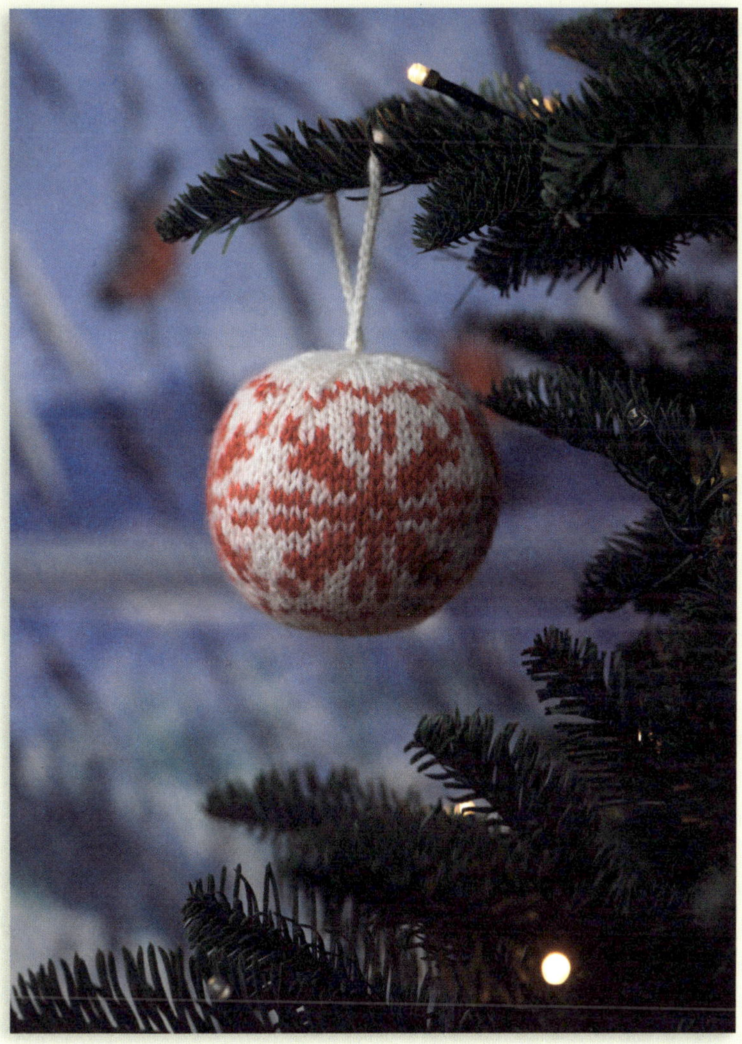

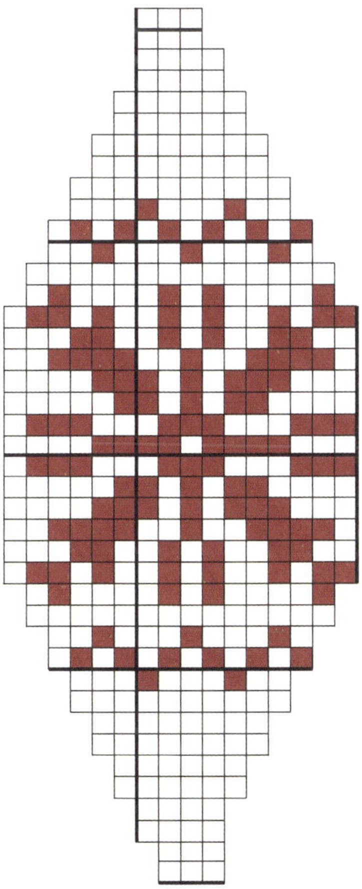

PULVERSCHNEE

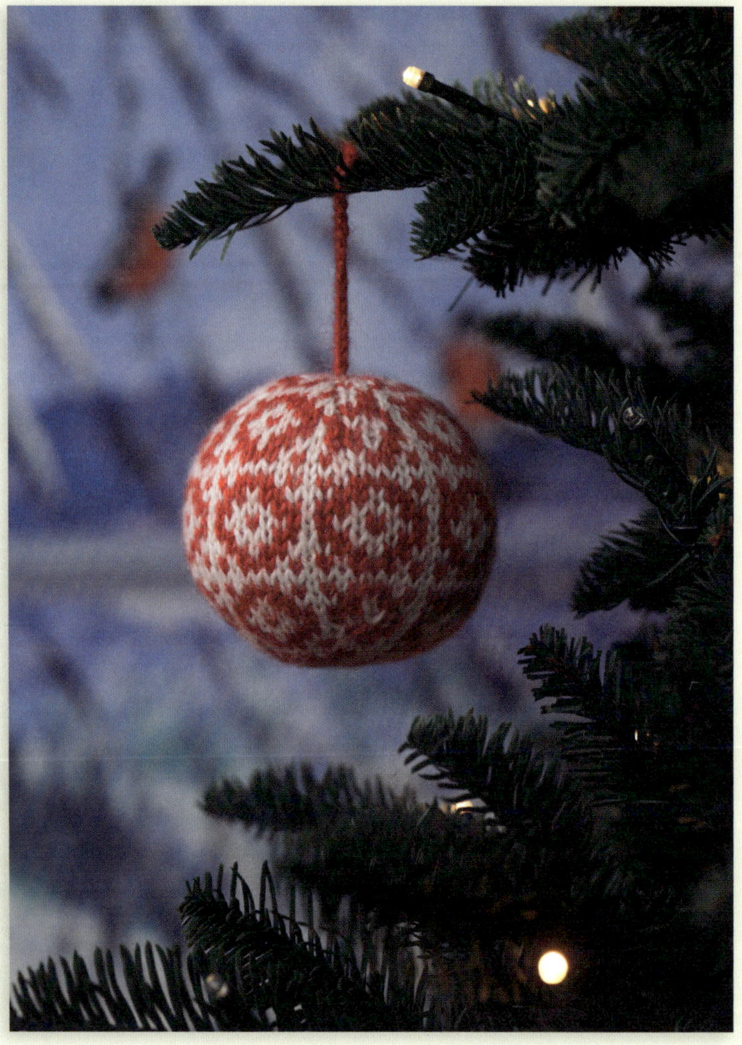

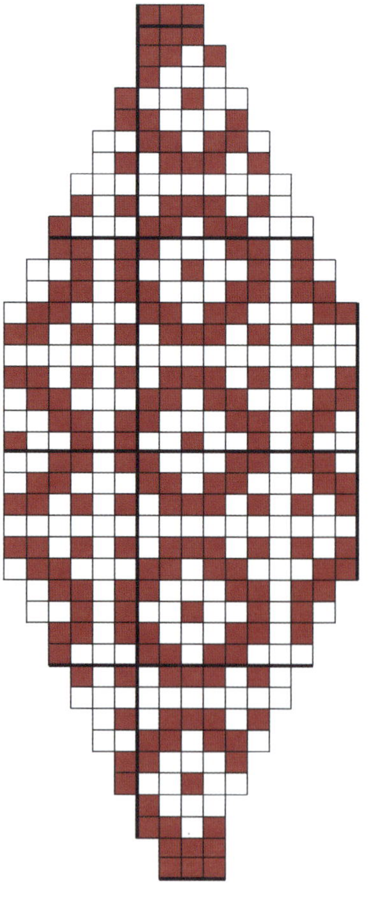

SCHNEEKRISTALL

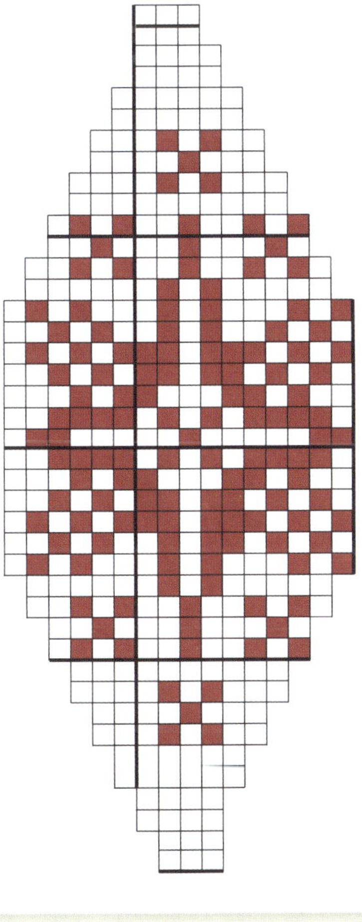

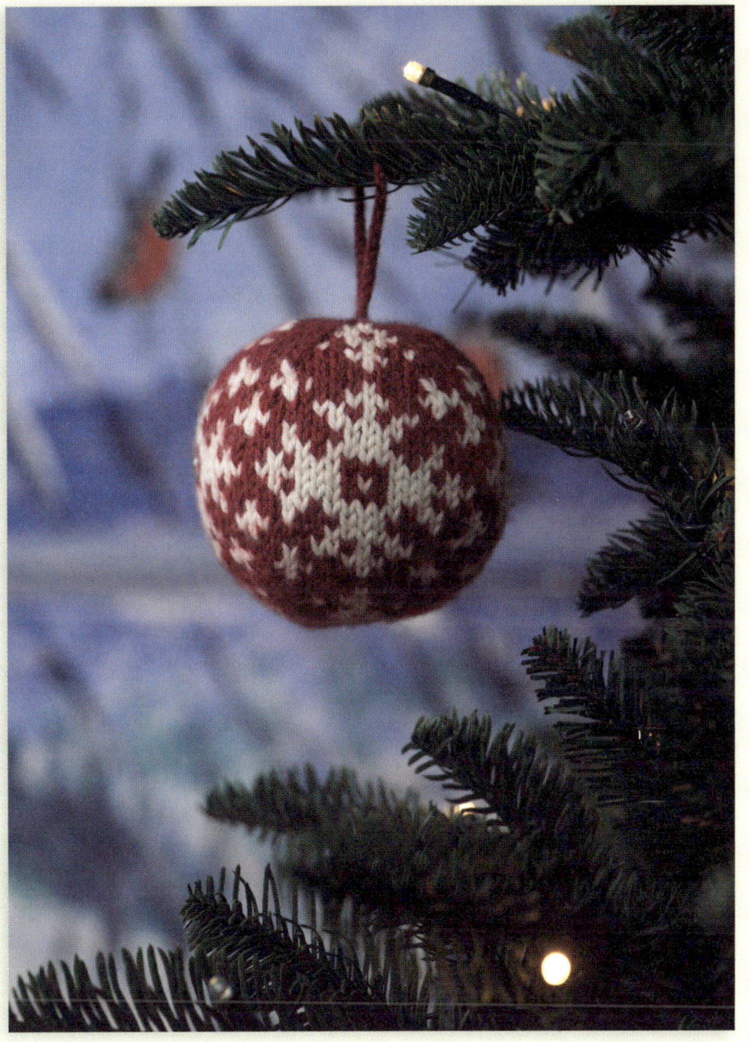

NORWEGISCHE HÜTTE

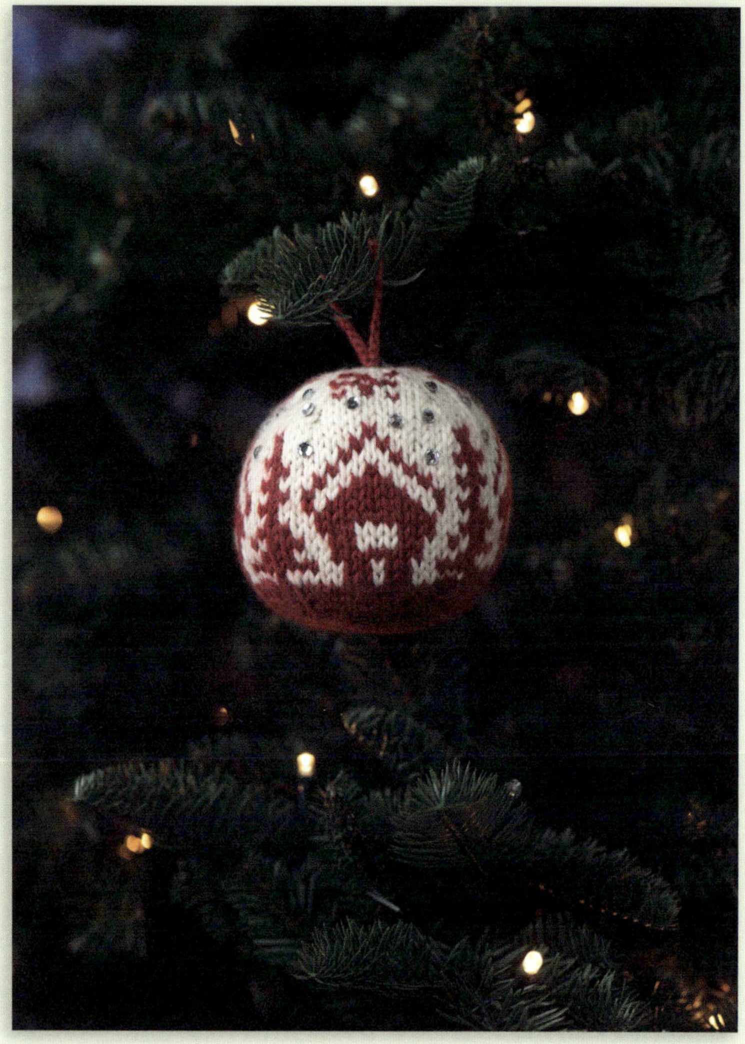

VERZIEREN SIE DIE WEIHNACHTSKUGEL MIT GLAS- ODER STRASSSTEINEN, DAMIT ES AUSSIEHT, ALS WÜRDE ES SCHNEIEN.

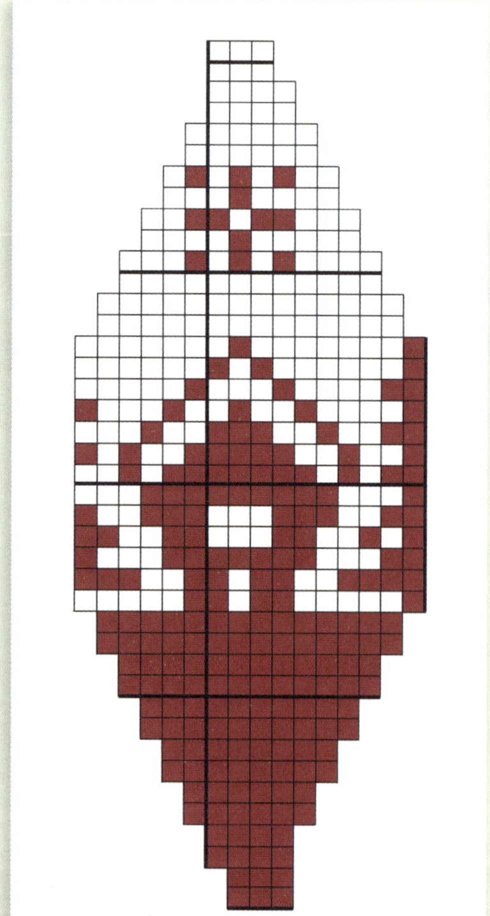

SCHLITTSCHUHLÄUFER

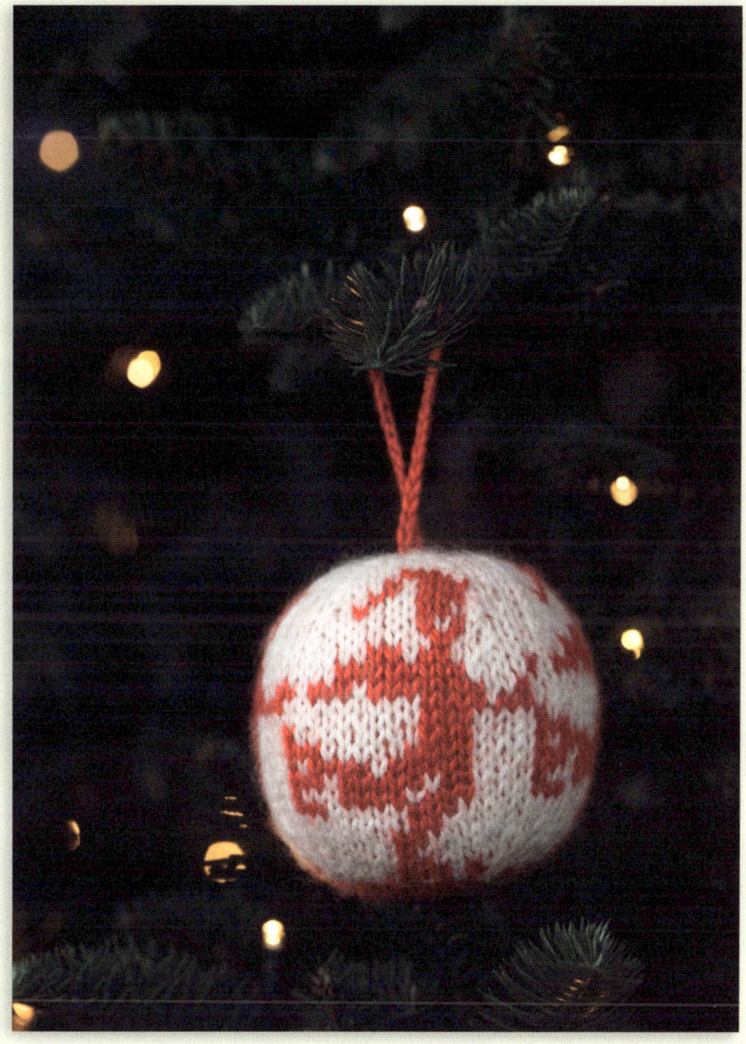

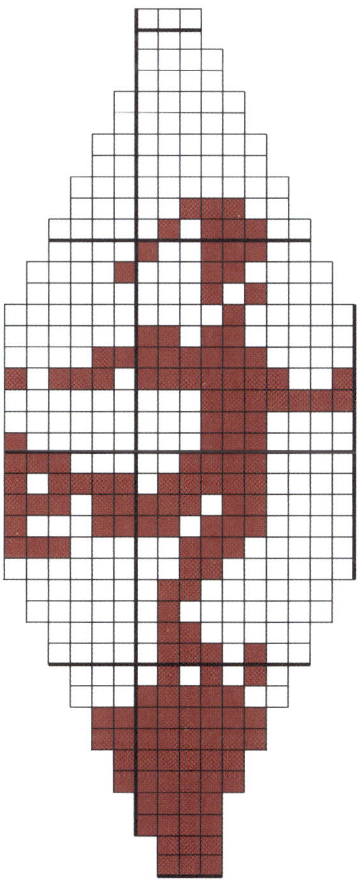

EISROSE

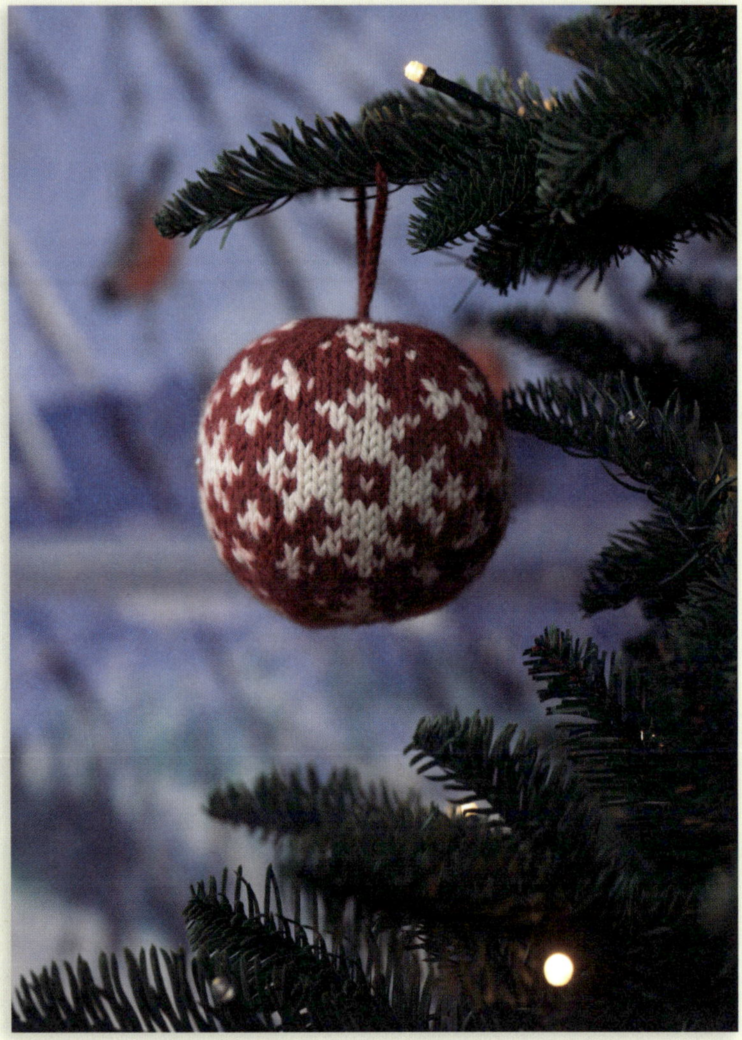

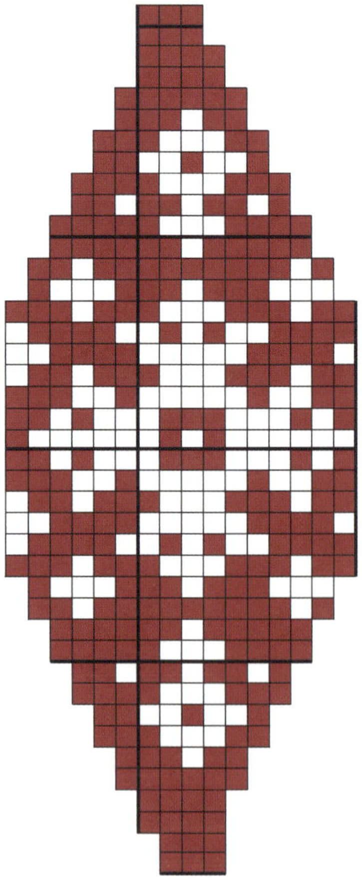

SCHLITTSCHUHE

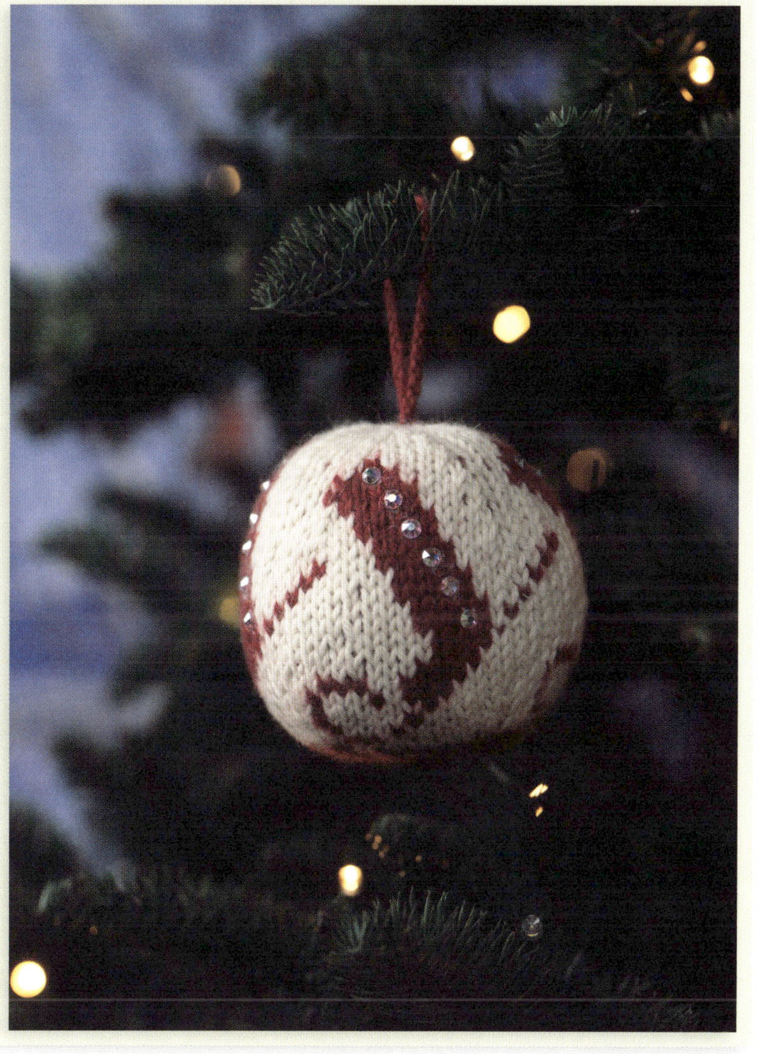

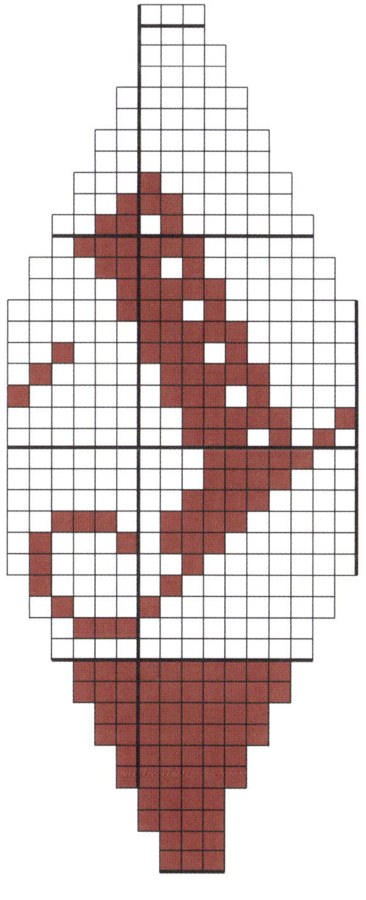

VERZIEREN SIE DIE WEIHNACHTSKUGEL MIT GLAS- ODER STRASSSTEINEN.

WINTER-WUNDERLAND

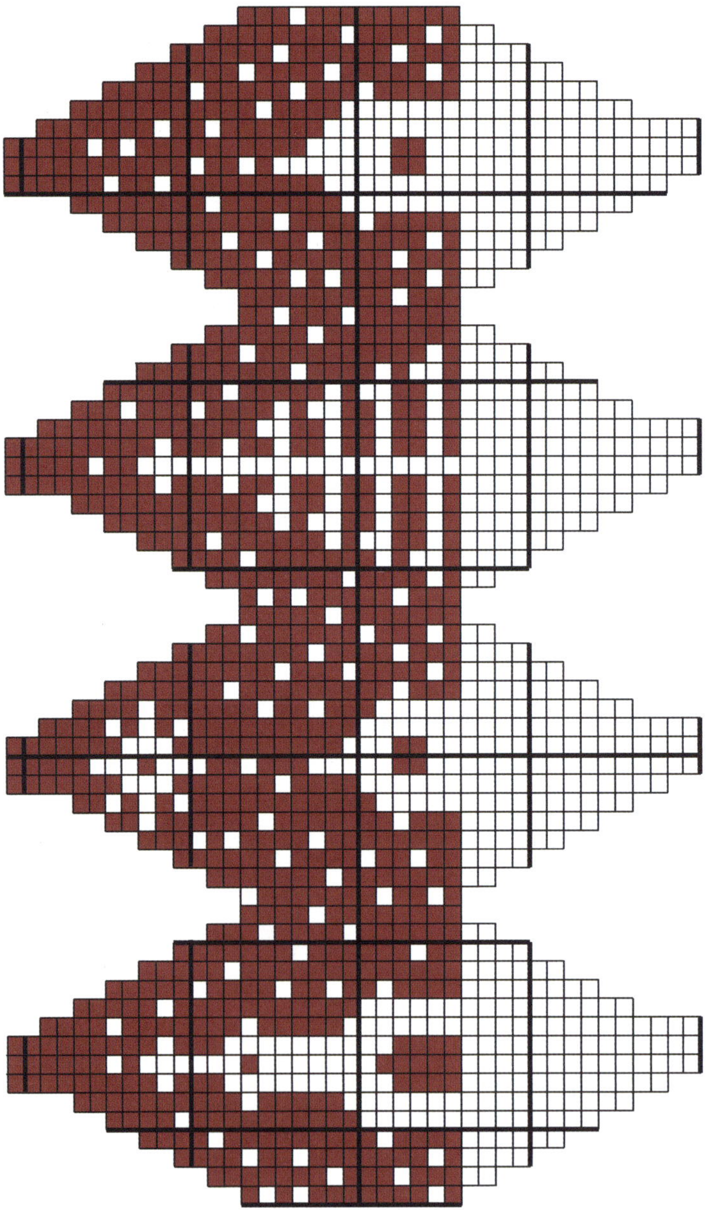

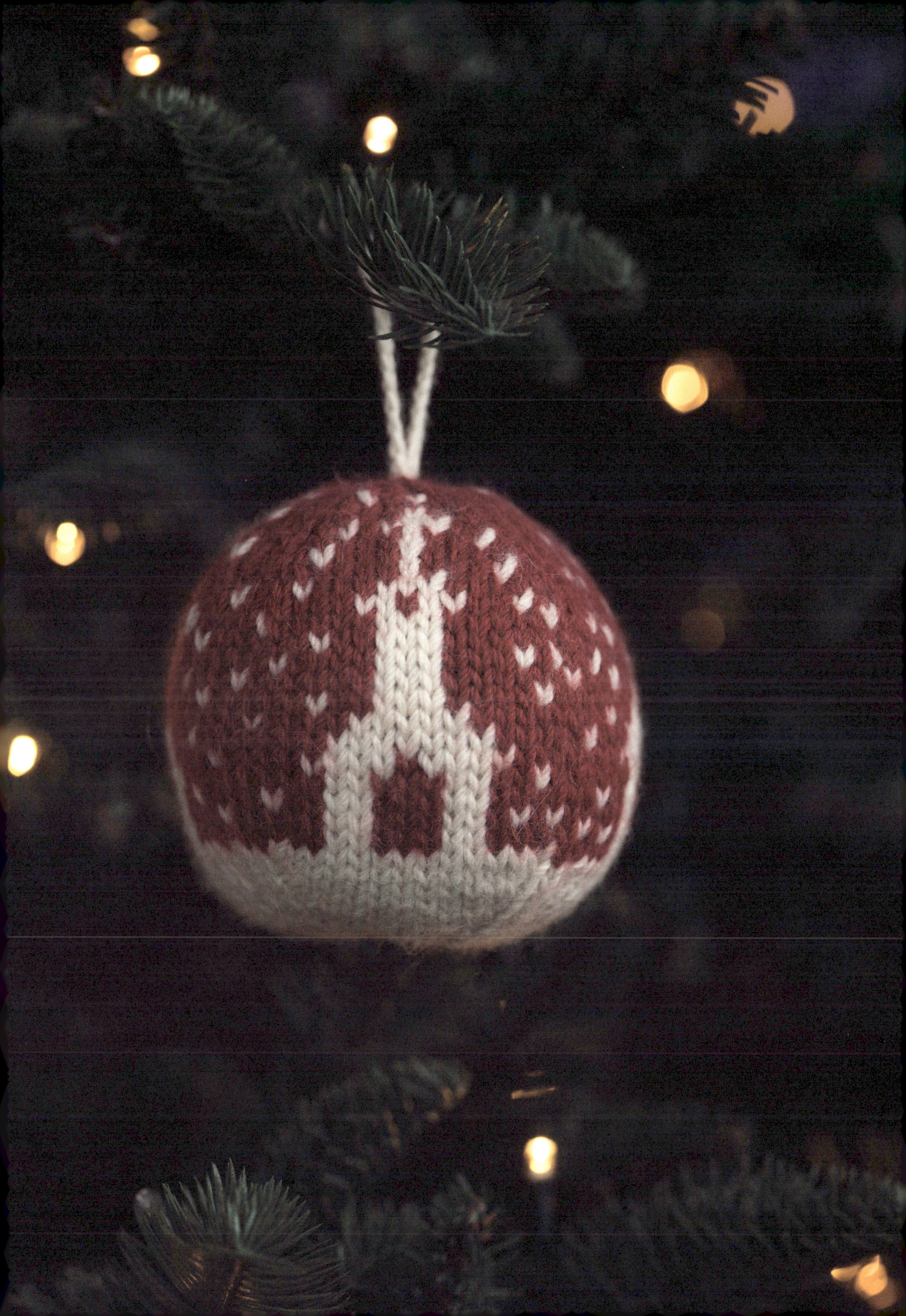

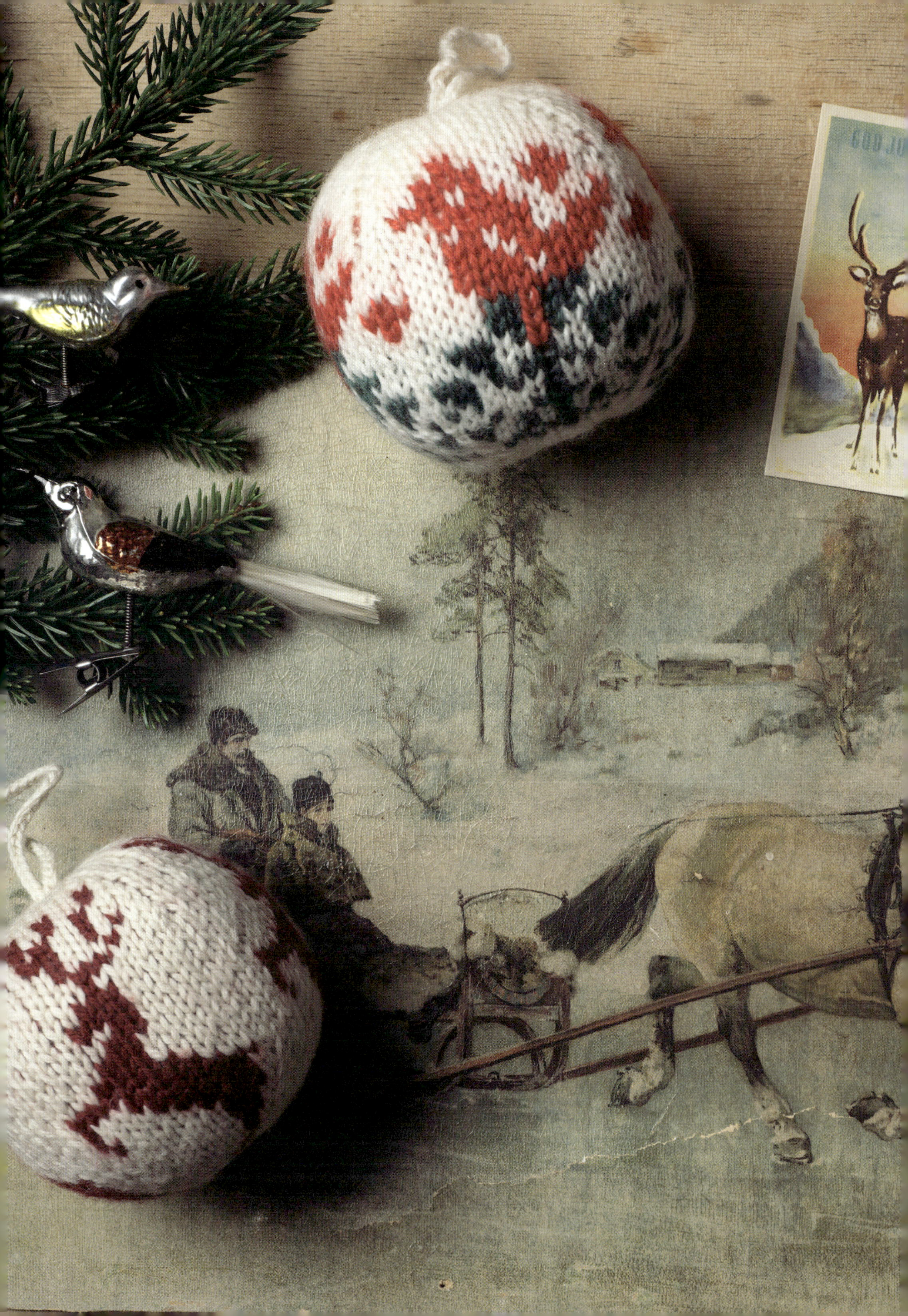

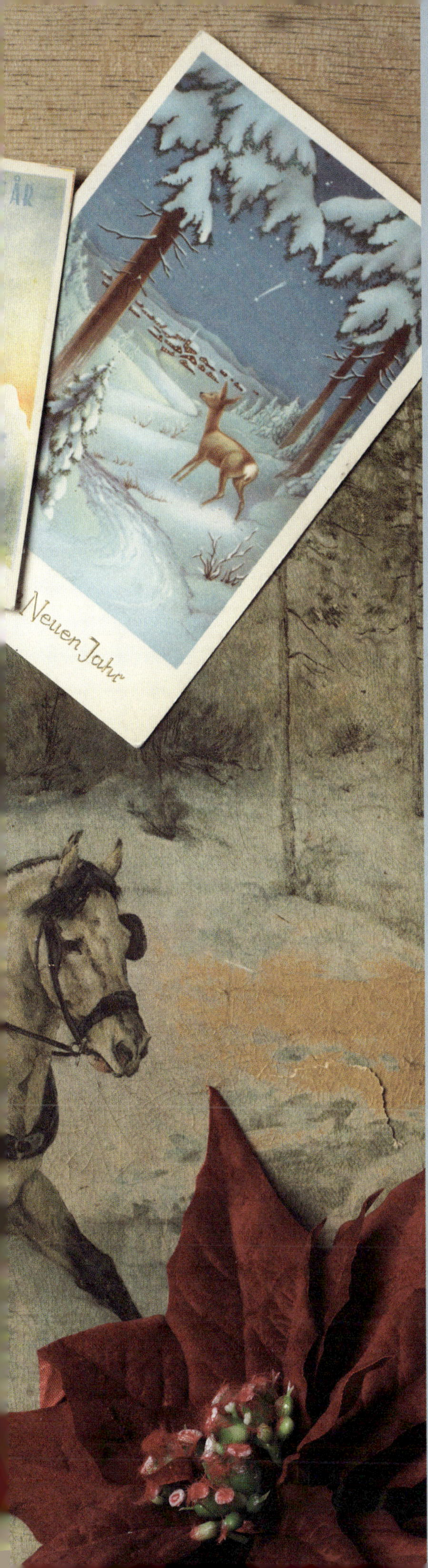

FLORA & FAUNA

UNSERE WINTER SIND LANG UND KALT UND WIR DÜRFEN NICHT VERGESSEN, DIE WENIGEN WINTERVÖGEL, DIE ES WAGEN, DEN WINTER IN NORWEGEN ZU VERBRINGEN, ZU FÜTTERN, WIE ZUM BEISPIEL DER GIMPEL UND DIE MEISE.

Für unser Vogelfutter schmelzen wir Kokosfett, rühren Sonnenblumenkerne und Nüsse unter und formen aus der Masse kleine Kugeln. Diese hängen wir mit roten Bändern an unsere Bäume. Eine perfekte Gartendekoration, die zudem den Vögeln hilft! Andere Vögel, wie das Rotkehlchen, verbringen die Festtage in wärmeren Gefilden, doch trotzdem sind sie zu einem Weihnachtssymbol geworden.

Für uns sind Rentiere, Elche, Pferde, Lämmer und Hirsche sehr eng mit Weihnachten verbunden. Als Kinder wurde uns immer erzählt, wir müssten alle Tiere besonders lieb behandeln und ihnen am Heiligabend etwas schenken, denn alten Volksmärchen zufolge müsse man sie in dieser Nacht bei Laune halten, sonst fangen sie an zu reden und tun ihre Unzufriedenheit kund!

Es gibt auch verschiedene Pflanzen, die mit Weihnachten in Verbindung gebracht werden. In Norwegen schmücken wir unsere Häuser mit Hyazinthen, Weihnachtssternen und Amaryllisblüten. Die Weihnachtskugeln zeigen sie nicht naturgetreu, sondern sind nur locker von den Pflanzen inspiriert.

EFEU

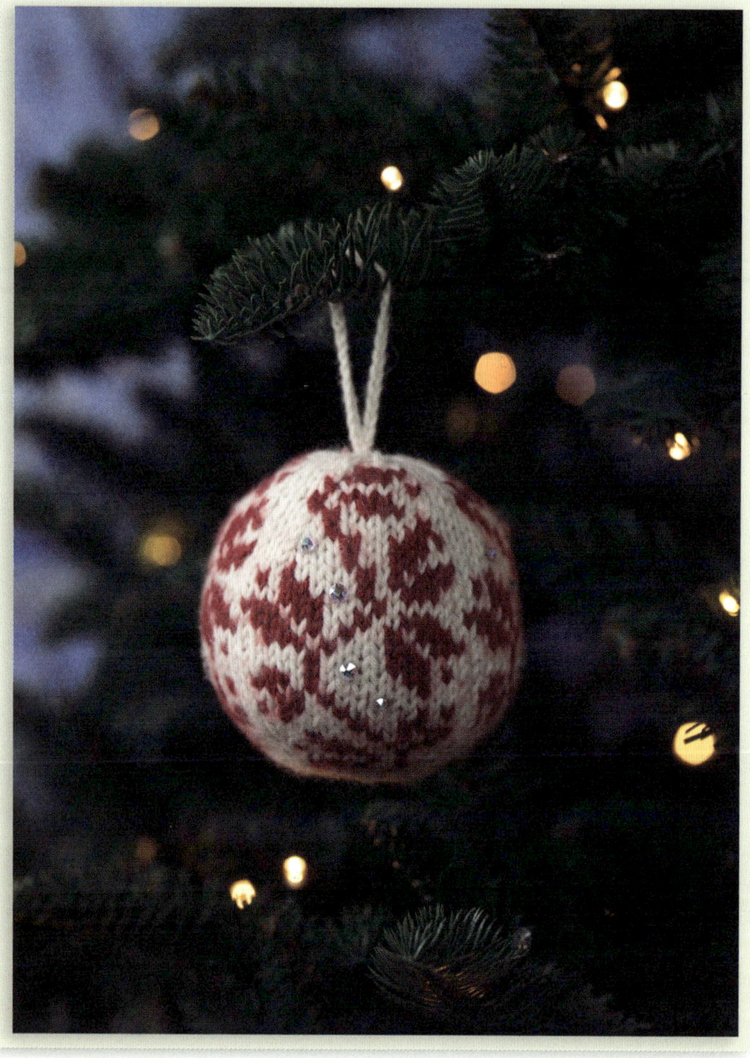

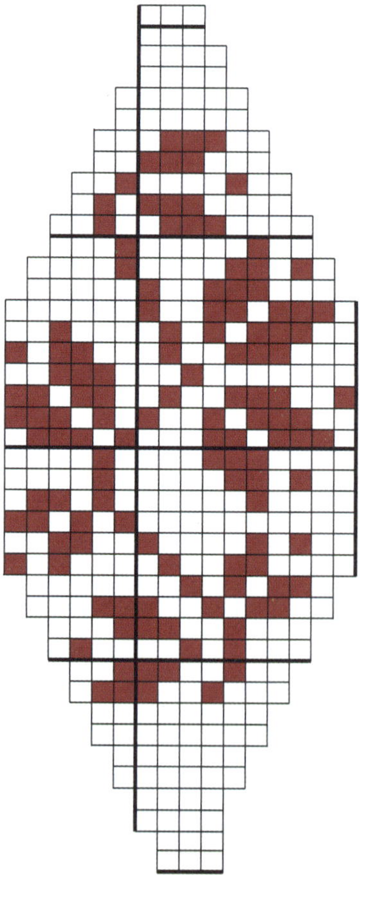

WEIHNACHTSKUGEL 11

ILEX

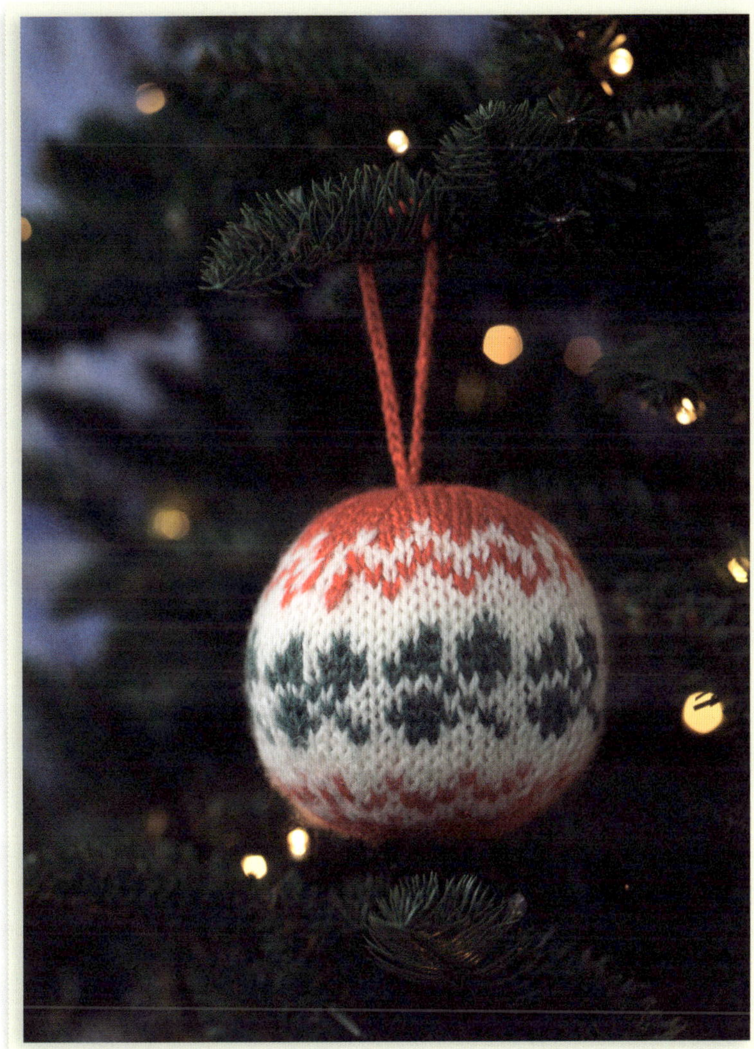

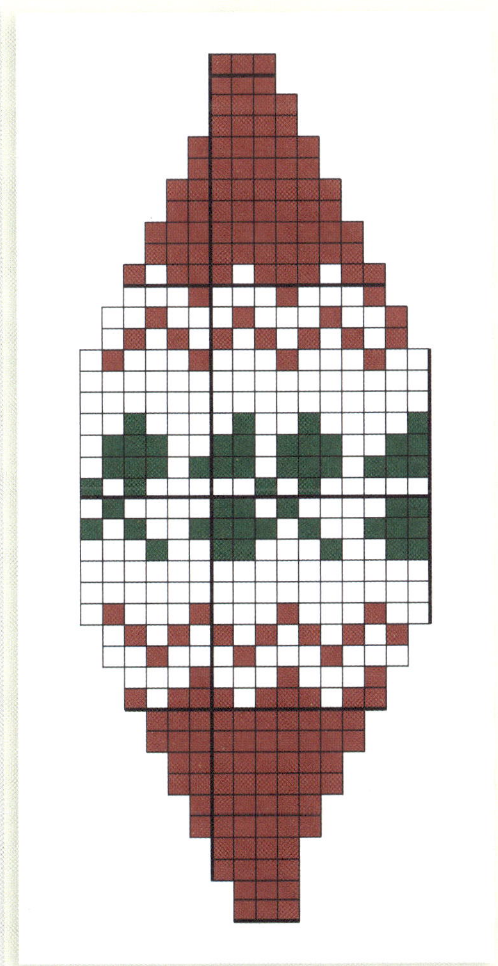

GOLDLILIE

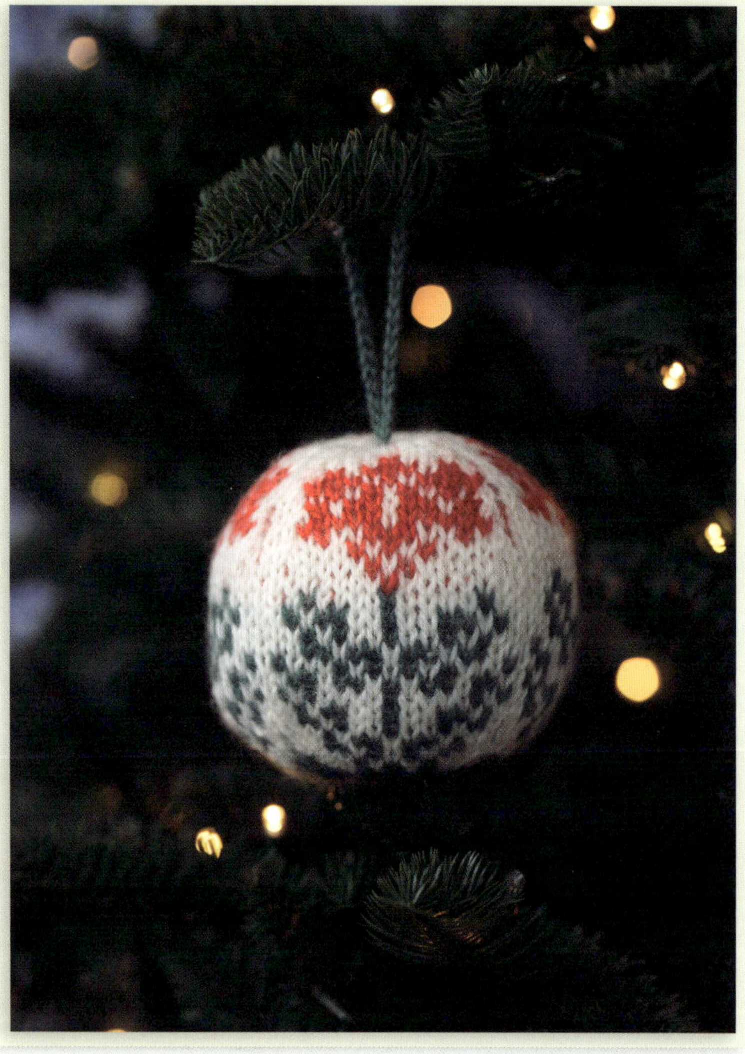

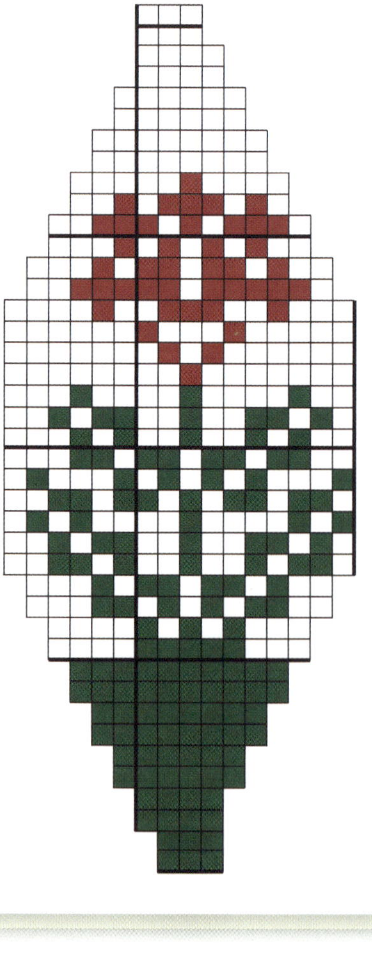

TULPE

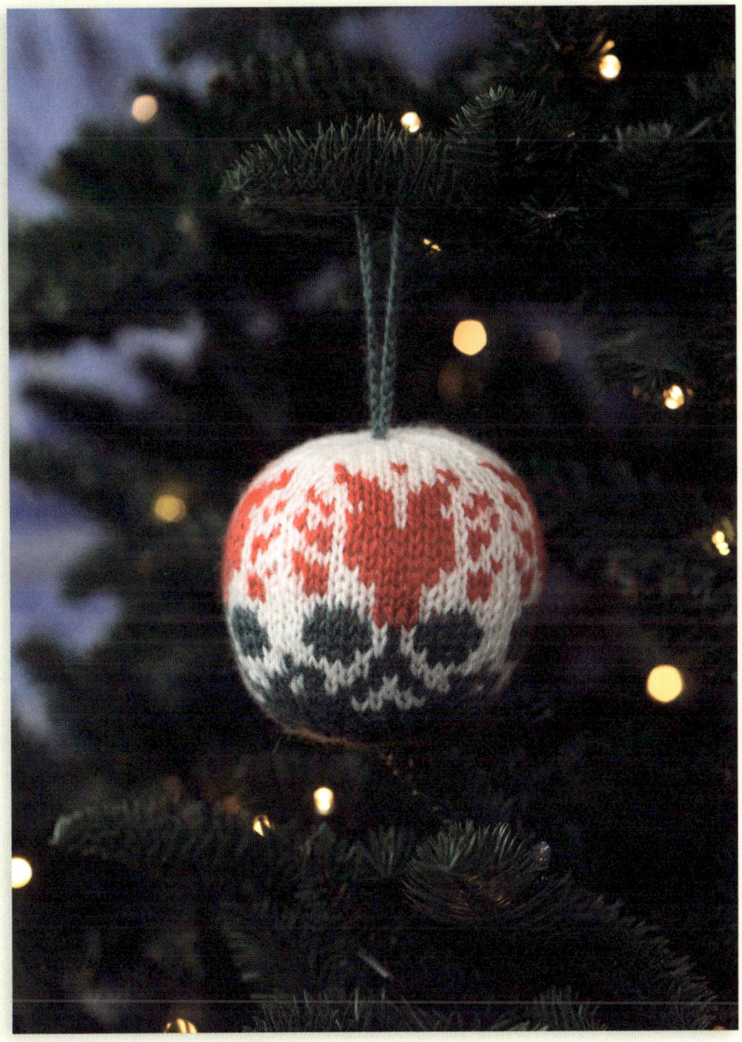

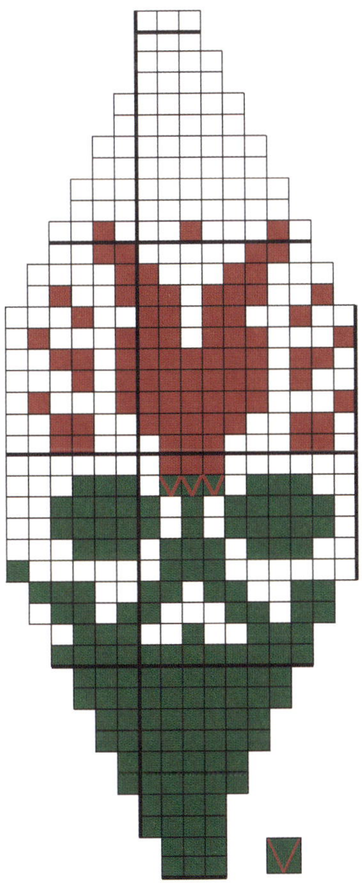

* In Grün gestrickt. In Rot aufgestickt.

WEIHNACHTSSTERN

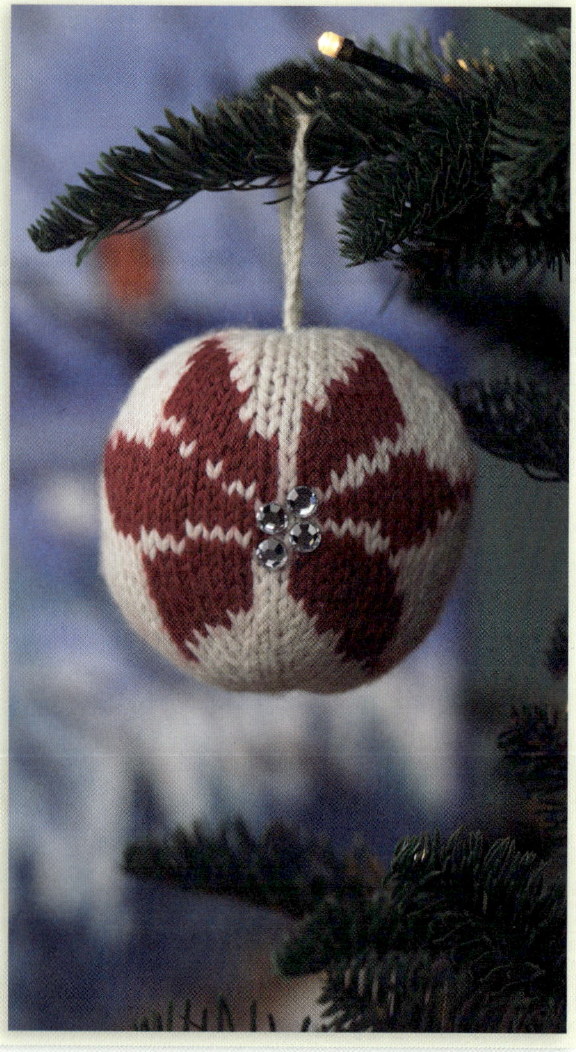

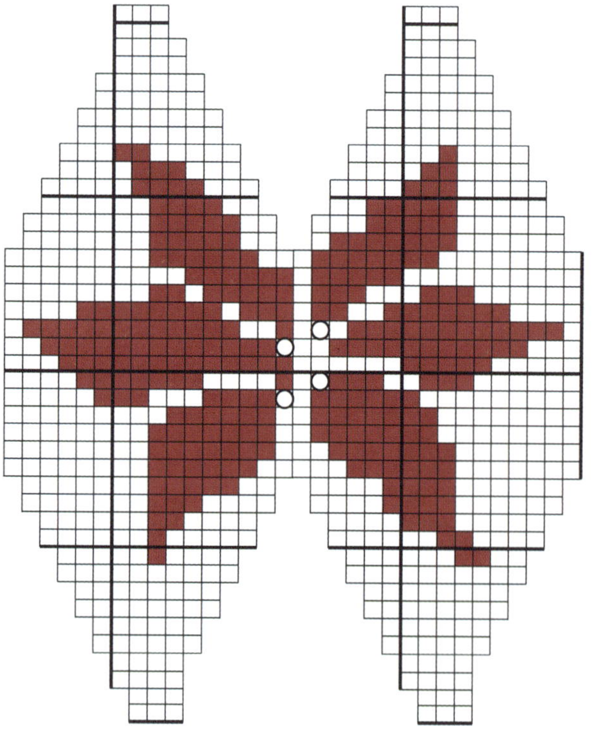

LAMM

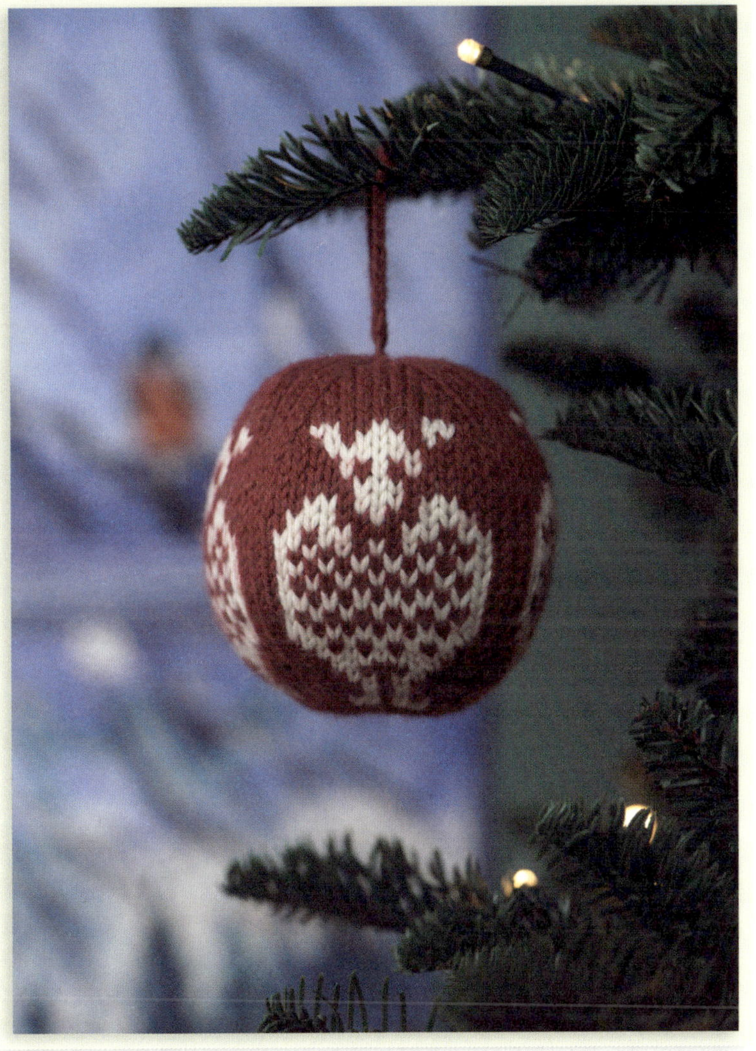

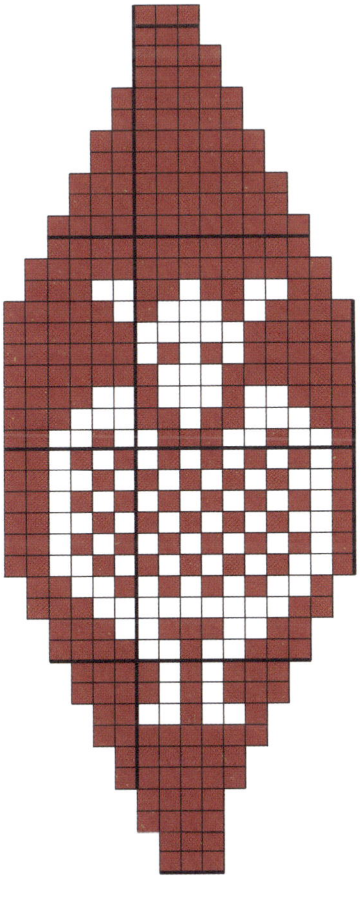

PFERD

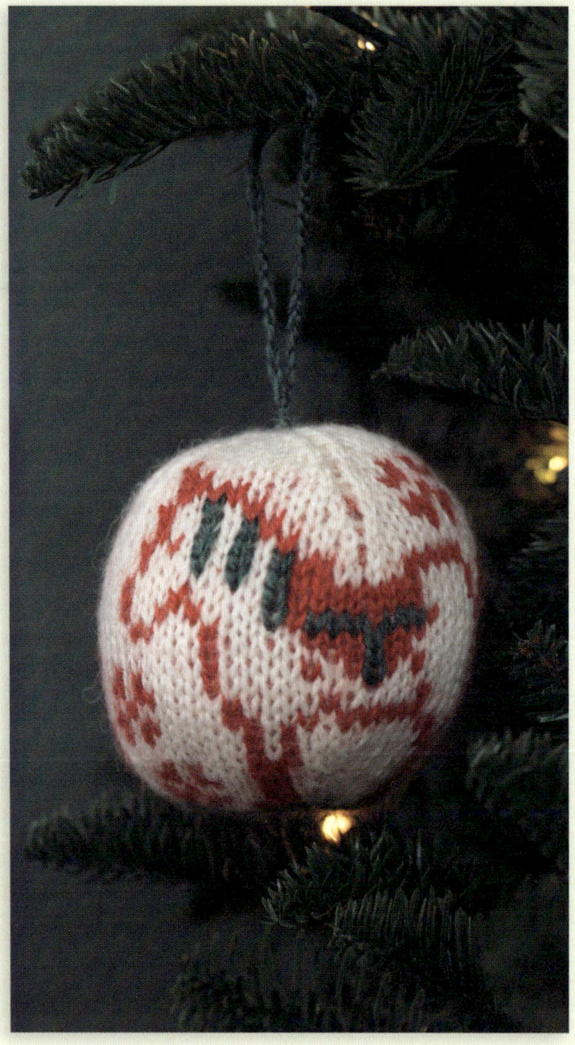

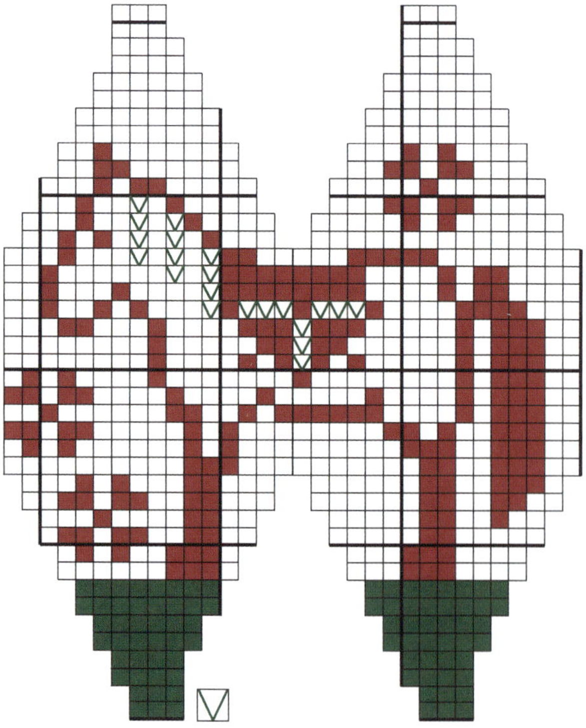

* In Weiß gestrickt.
In Grün aufgestickt.

ELCH

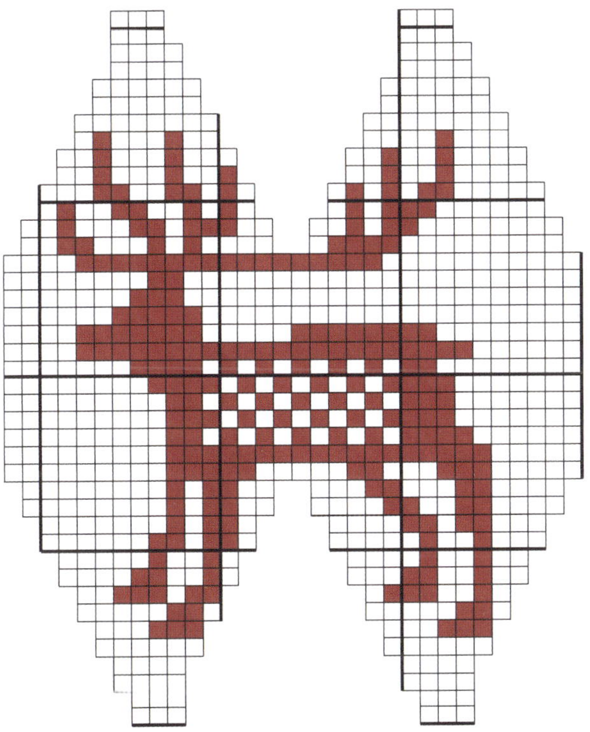

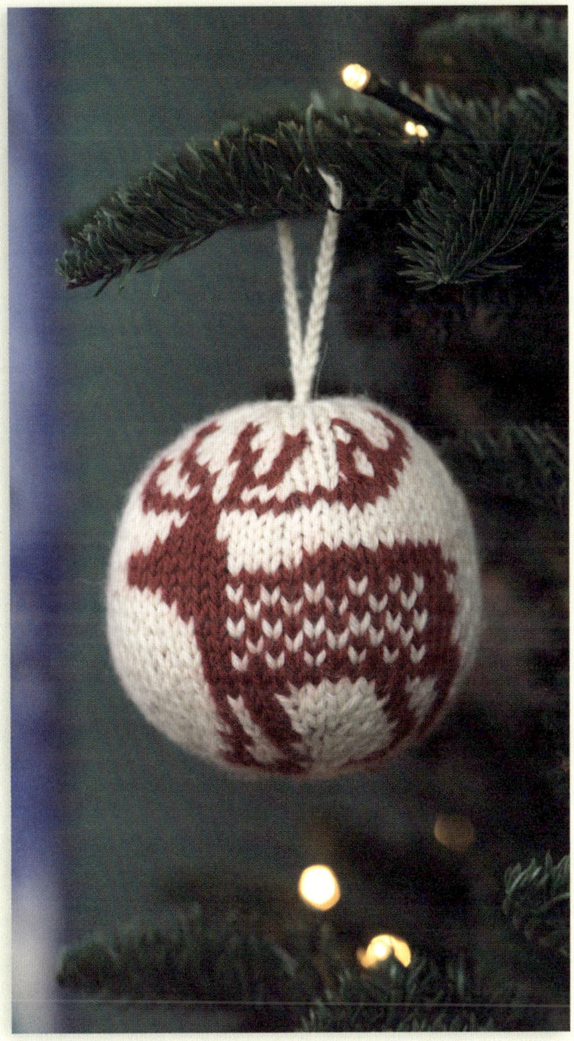

HIRSCH

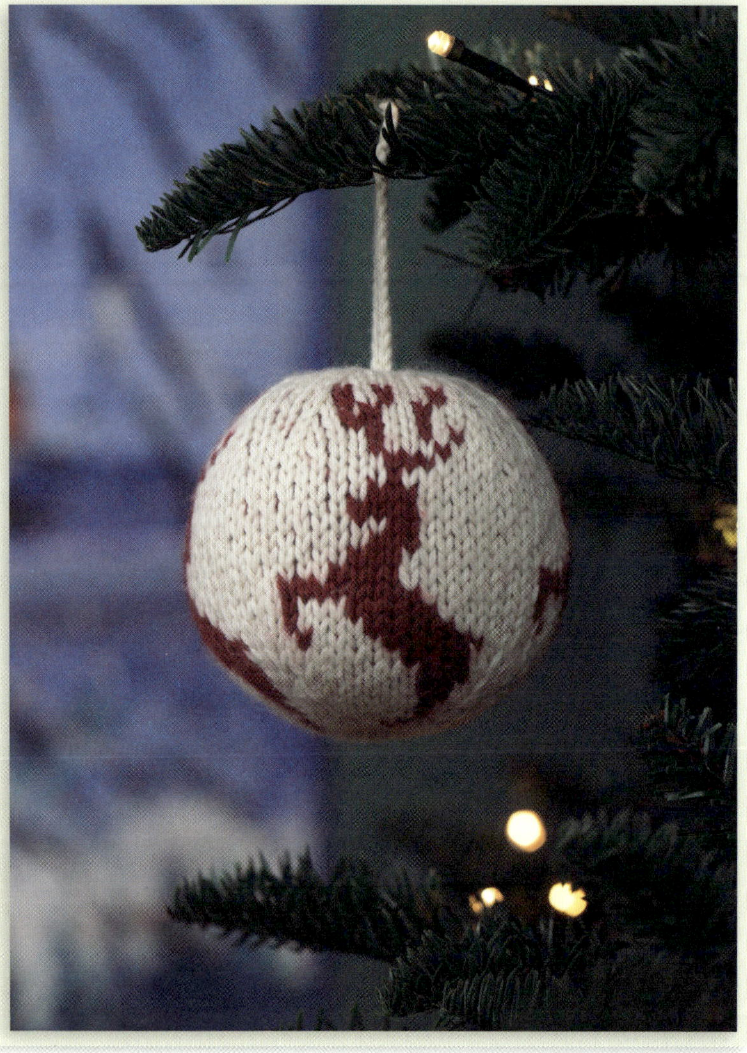

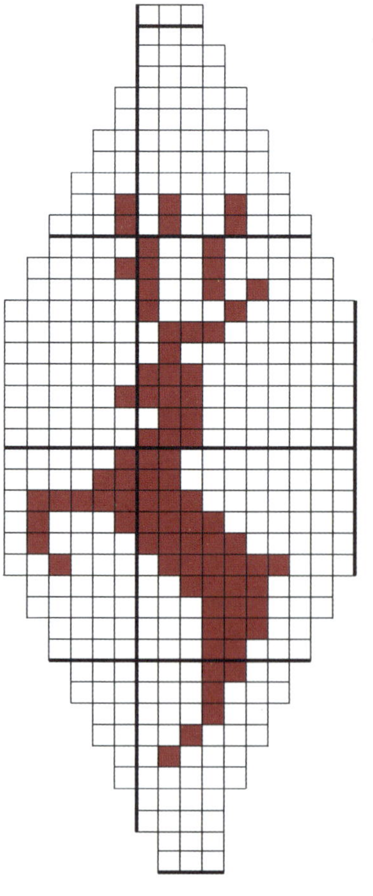

REBHUHN

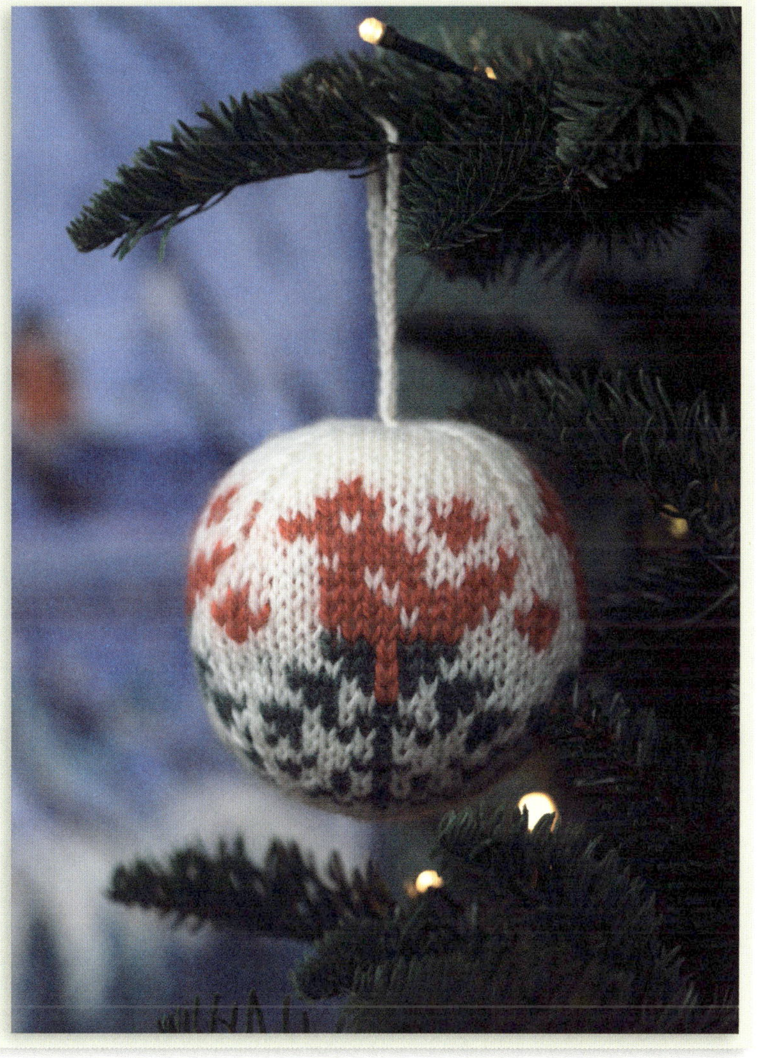

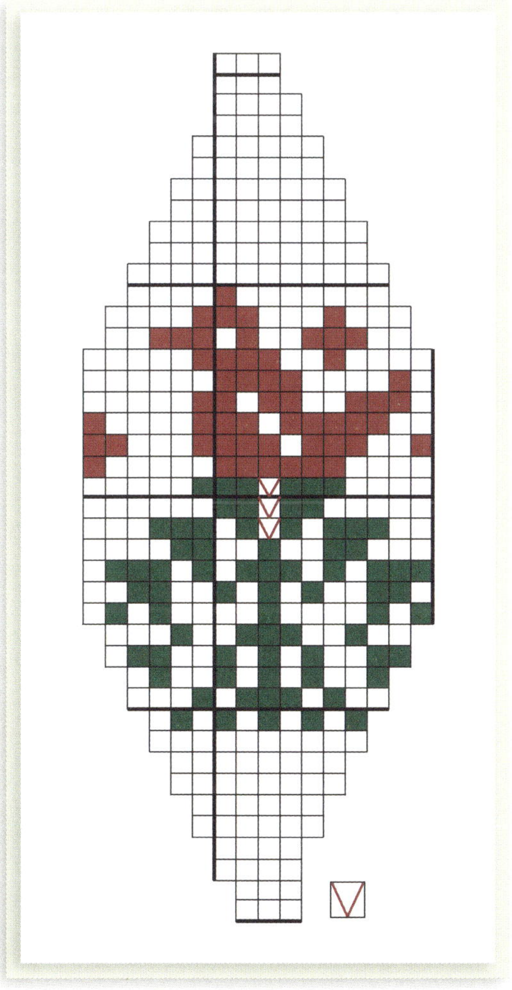

* In Weiß gestrickt.
In Rot aufgestickt.

ROTKEHLCHEN

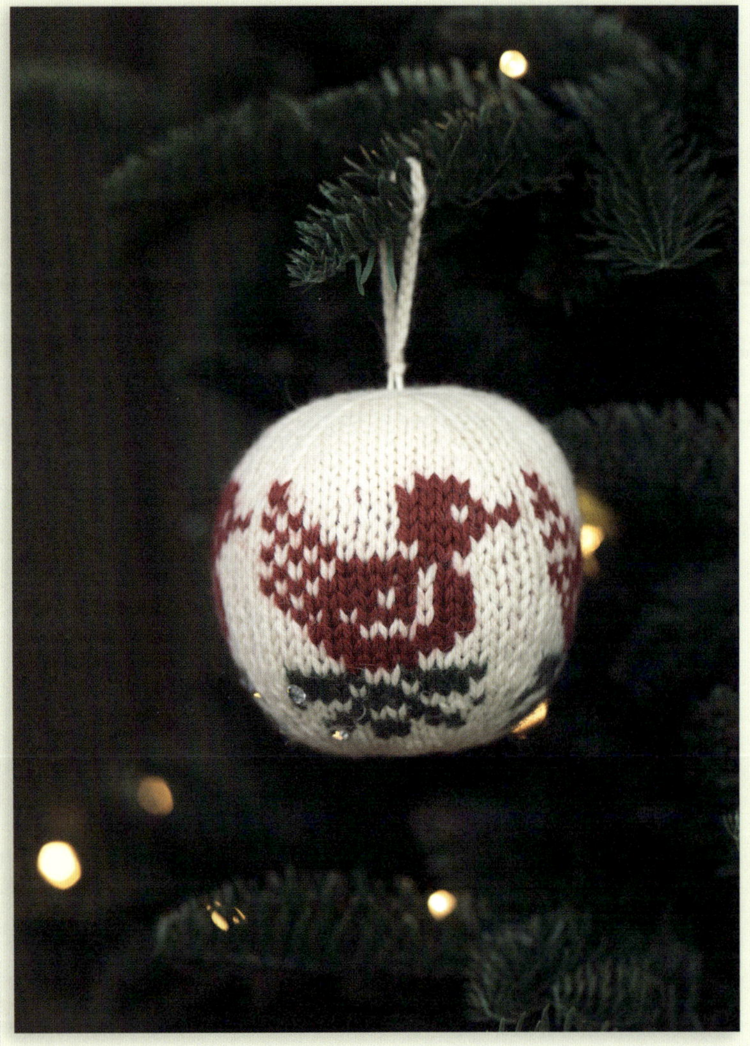

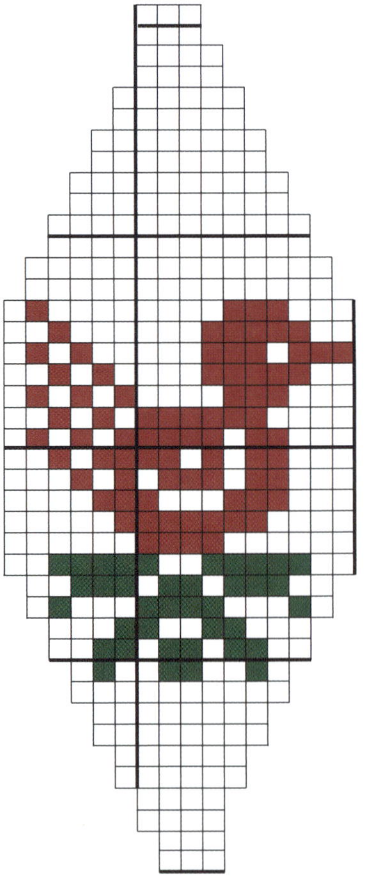

GIMPEL

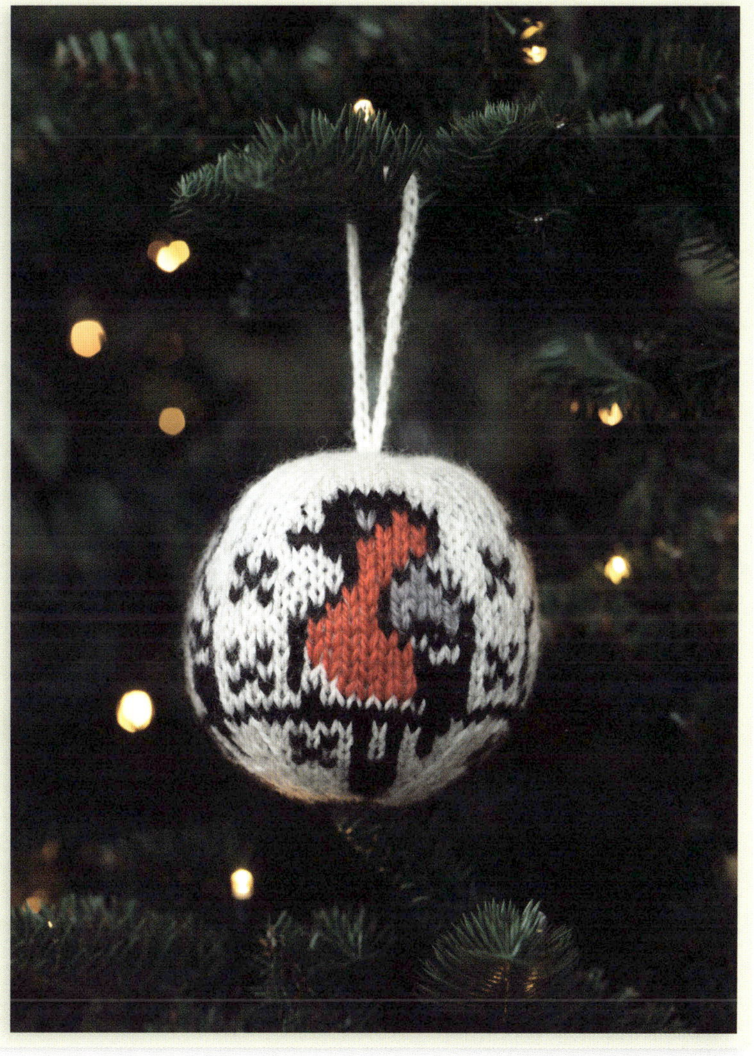

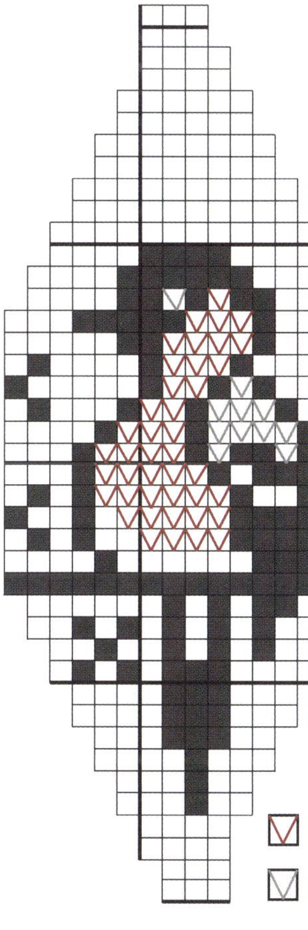

* In Weiß gestrickt. In Rot aufgestickt.
** In Weiß gestrickt. In Grau aufgestickt.

MEISE

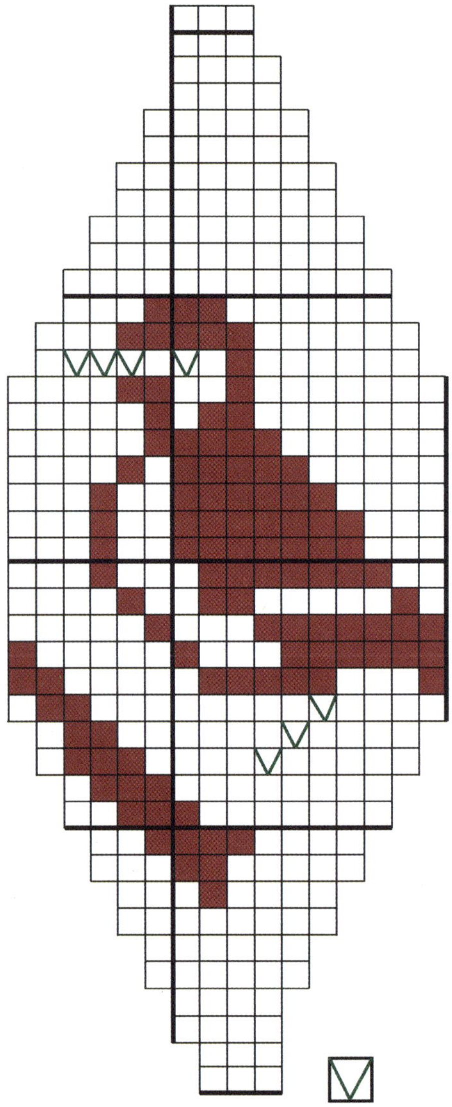

* In Weiß gestrickt. In Grün aufgestickt.

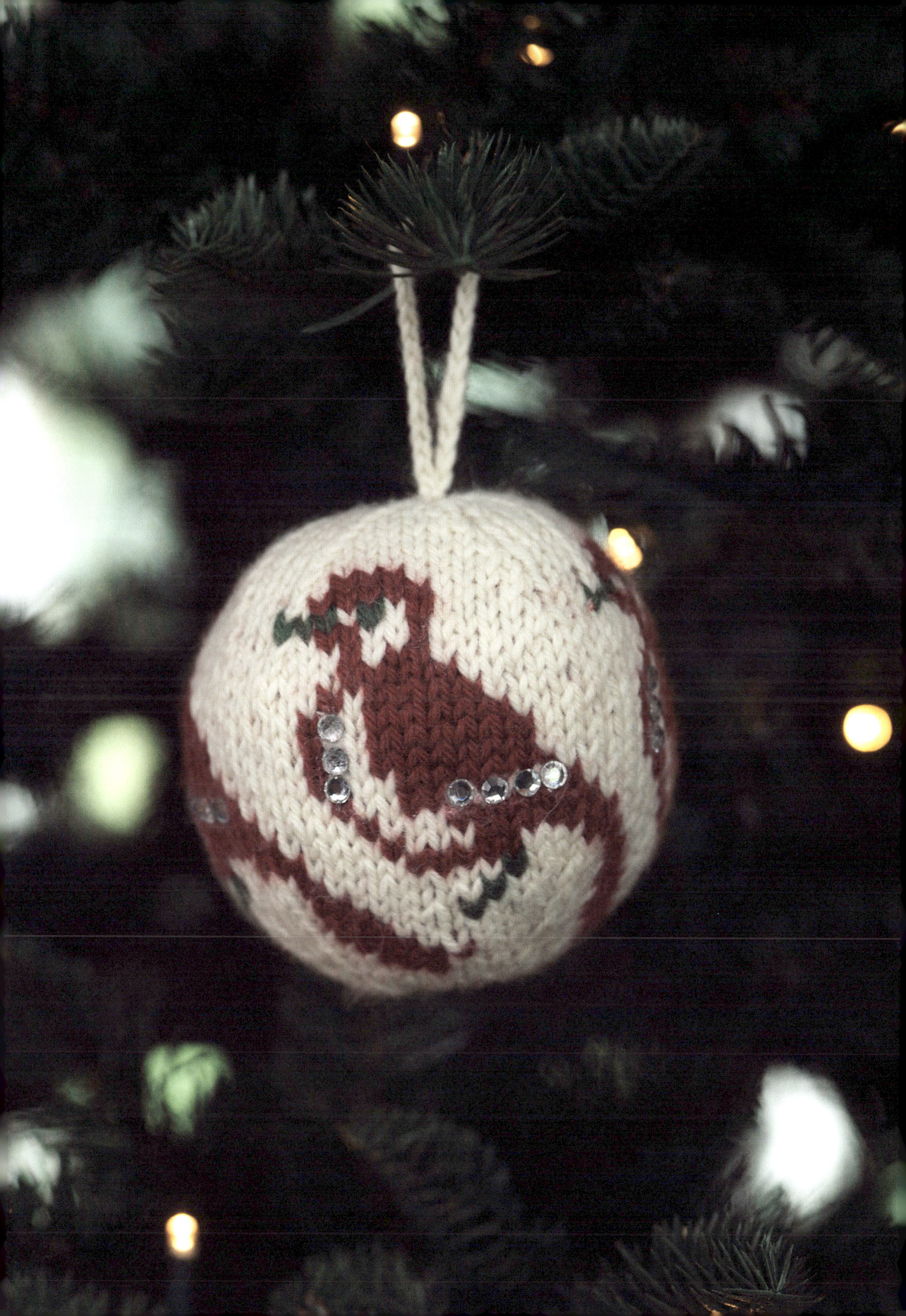

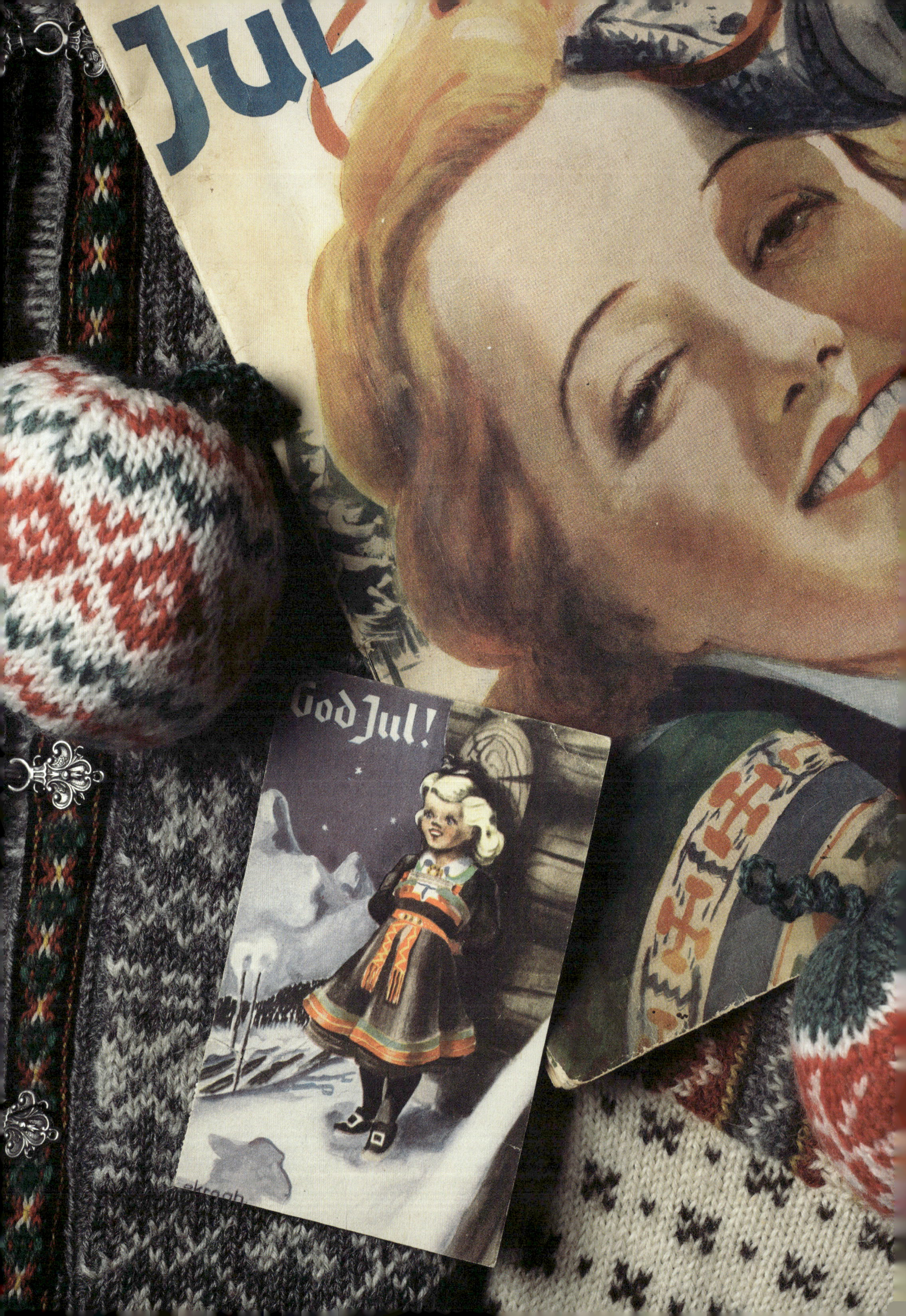
Jul
God Jul!

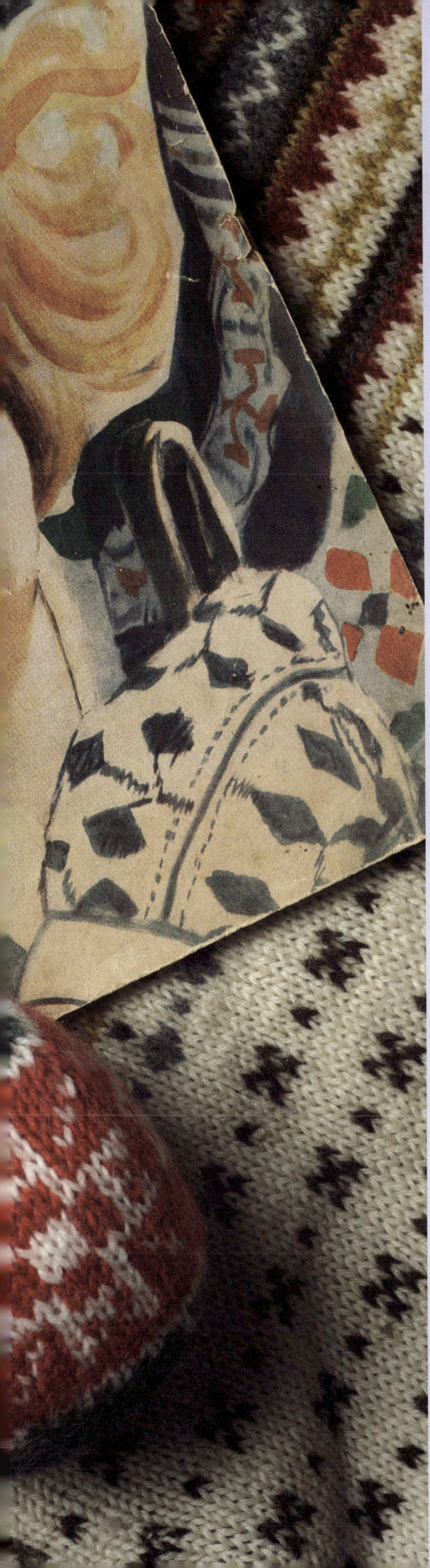

TRADITIONELL

WENN NORWEGER DIE WEIHNACHTS- UND WINTERFERIEN IN IHREN BERGHÜTTEN VERBRINGEN, TRAGEN SIE OFT ALTE STRICKPULLOVER, DIE SIE IN DEN HÜTTEN AUFBEWAHREN.

Wie die alten Möbel, die „schon immer da waren", so wurden auch diese schönen Kleidungsstücke zuerst von unseren Urgroß- oder Großeltern getragen. Als diese Winterquartiere kurz nach dem Ende des Krieges gebaut wurden, wurden solche Kleidungsstücke häufig gestrickt.

Wir haben die Hütten von vielen Freunden besucht und uns immer am Anblick der schönen (und manchmal sehr ungewöhnlichen) Pullover erfreut, die uns zu vielen Weihnachtskugeln in diesem Kapitel inspiriert haben!

In diesem Kapitel begegnen Ihnen jede Menge norwegischer Ortsnamen, die alle einen Bezug zu den Motiven haben. 2010 wurden wir vom Maihaugen-Museum in Lillehammer eingeladen, dessen riesigen Baum mit unseren gestrickten Kugeln zu schmücken. Für diesen besonderen Anlass entwarfen wir einige Weihnachtskugeln, die von Artefakten aus der Museumssammlung inspiriert sind und die wir nun zum ersten Mal veröffentlichen! Weihnachtskugel 23 bezieht sich auf ein Motiv auf einer hundertfünfzig Jahre alten Takelage aus Tretten. Das Motiv von Weihnachtskugel 24, „Jockey und Pferd", hat ihren Ursprung in den Schnitzereien auf einem alten hölzernen Bügelbrett. Weihnachtskugel 25 zeigt einen Akanthus, der als Logo des Museums dient. Wir sind immer davon überzeugt, dass der Weg in die Zukunft der Weg aus der Vergangenheit ist – und wir arbeiten mit unserer reichen Kultur und unserem Erbe daran, ein modernes und frisches Design zu schaffen.

TRETTEN

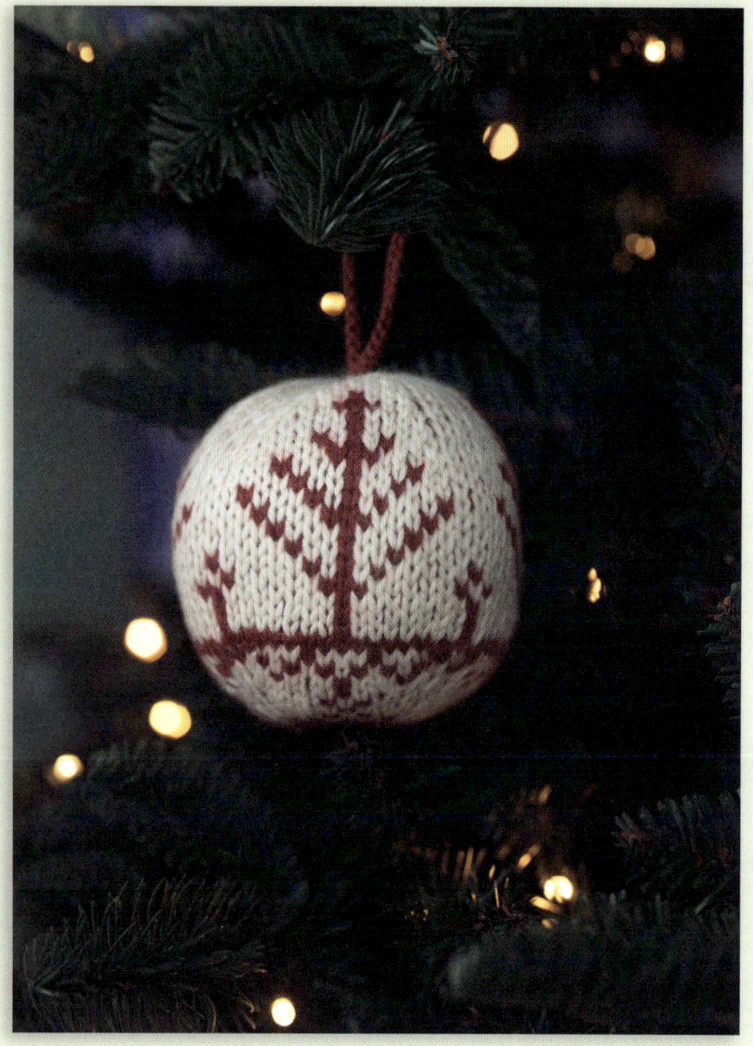

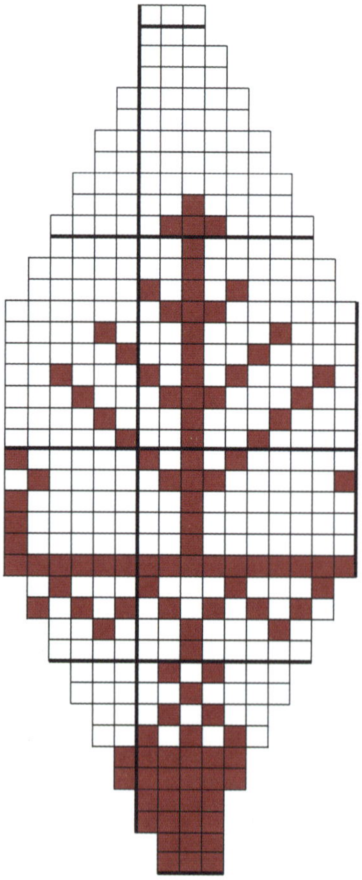

JOCKEY UND PFERD

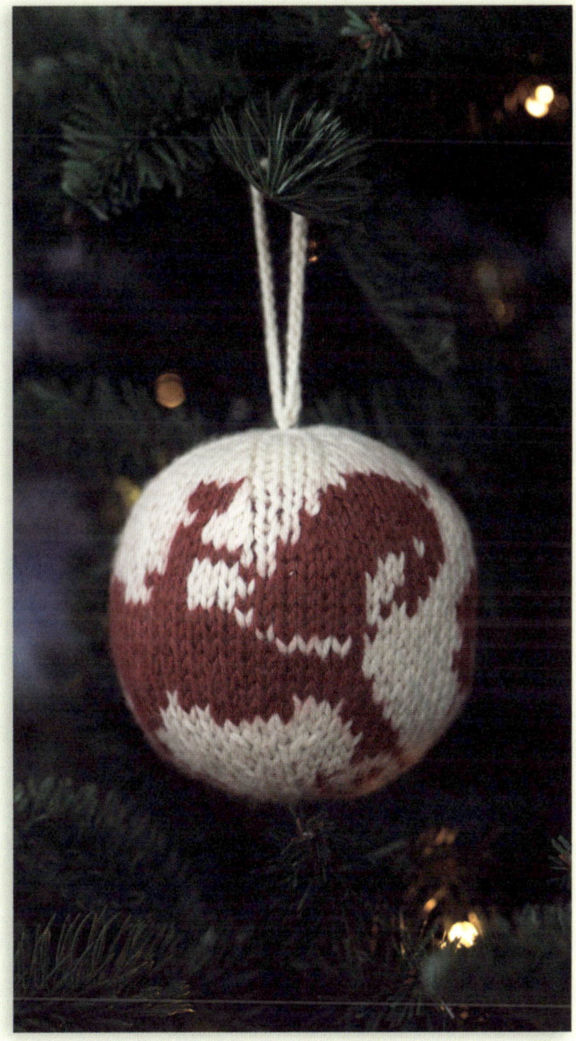

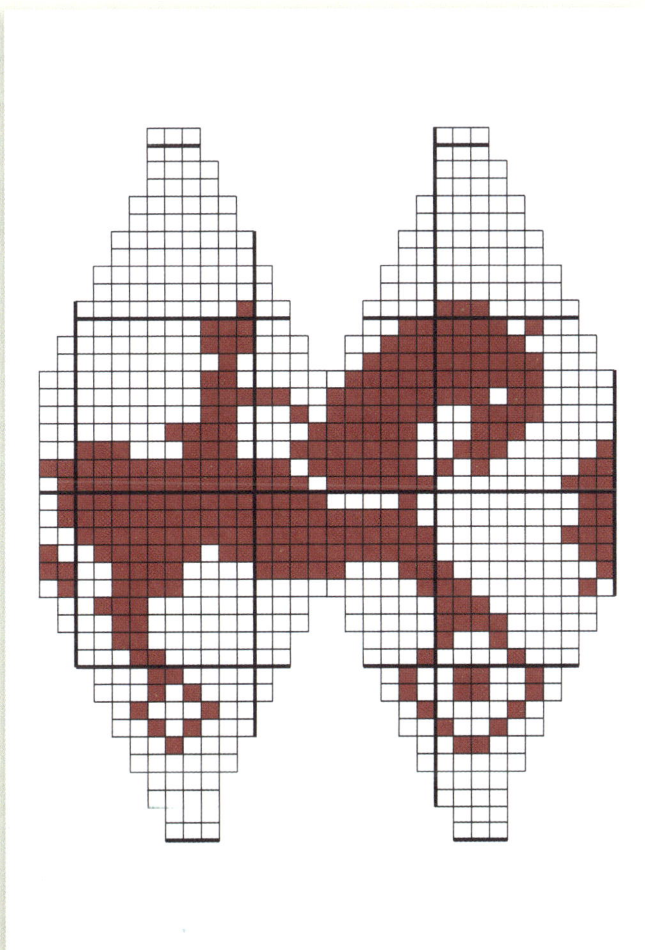

MAIHAUGEN

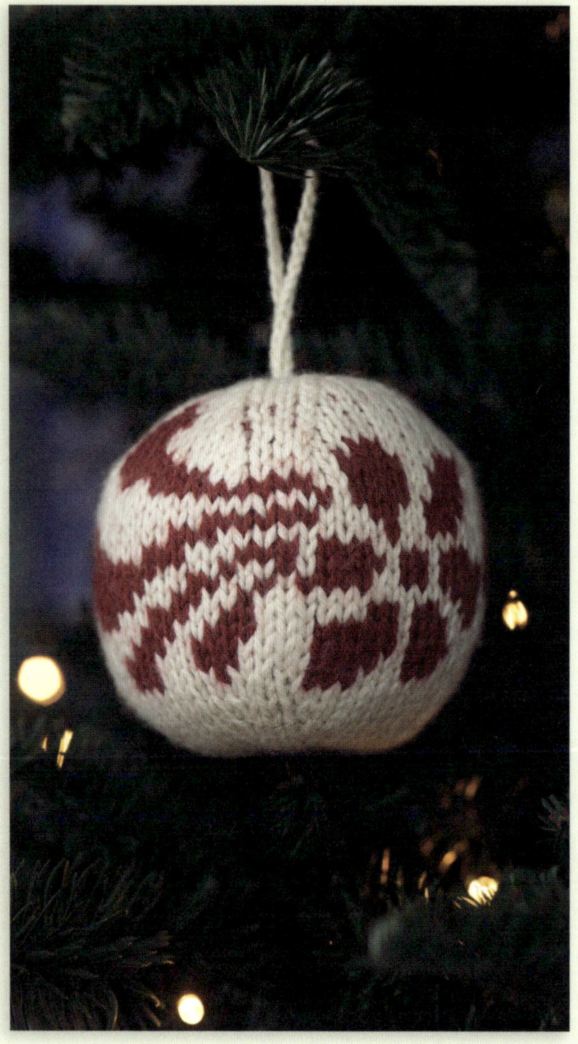

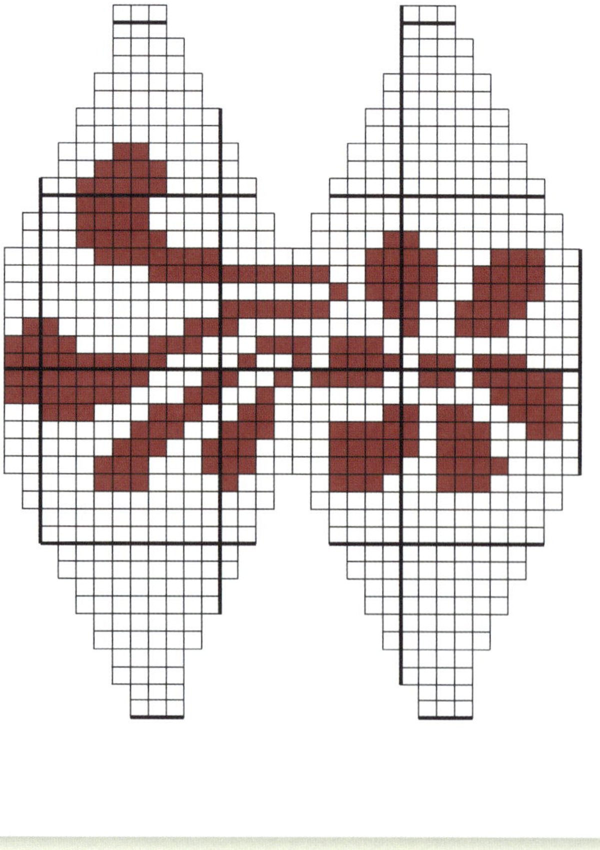

LILIE

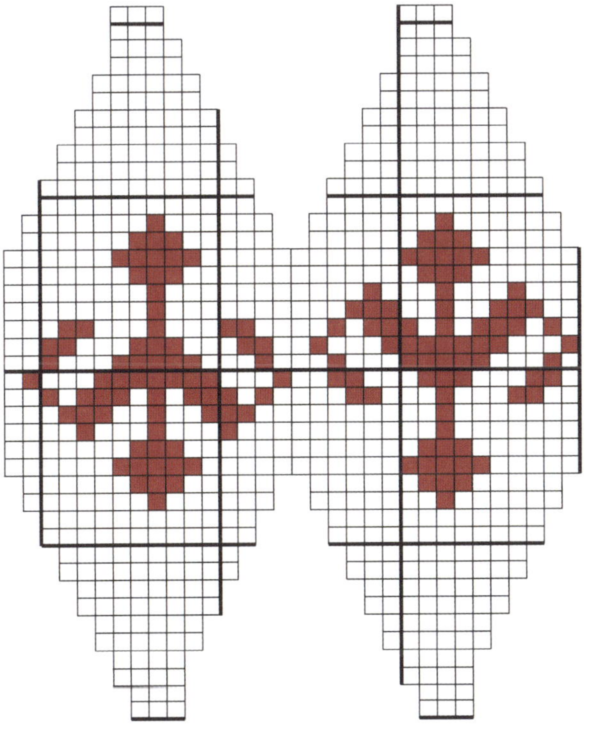

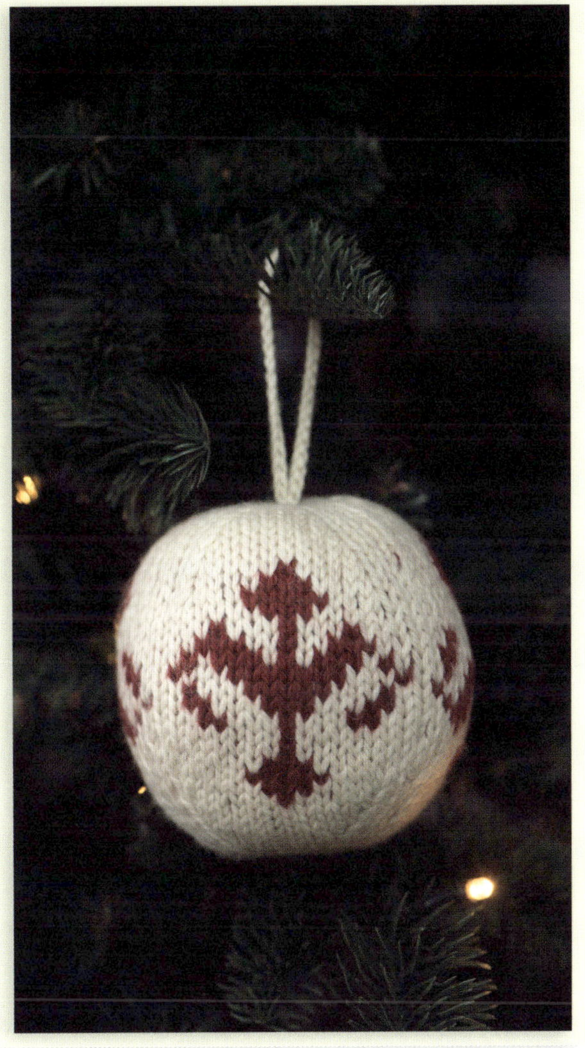

KREUZ

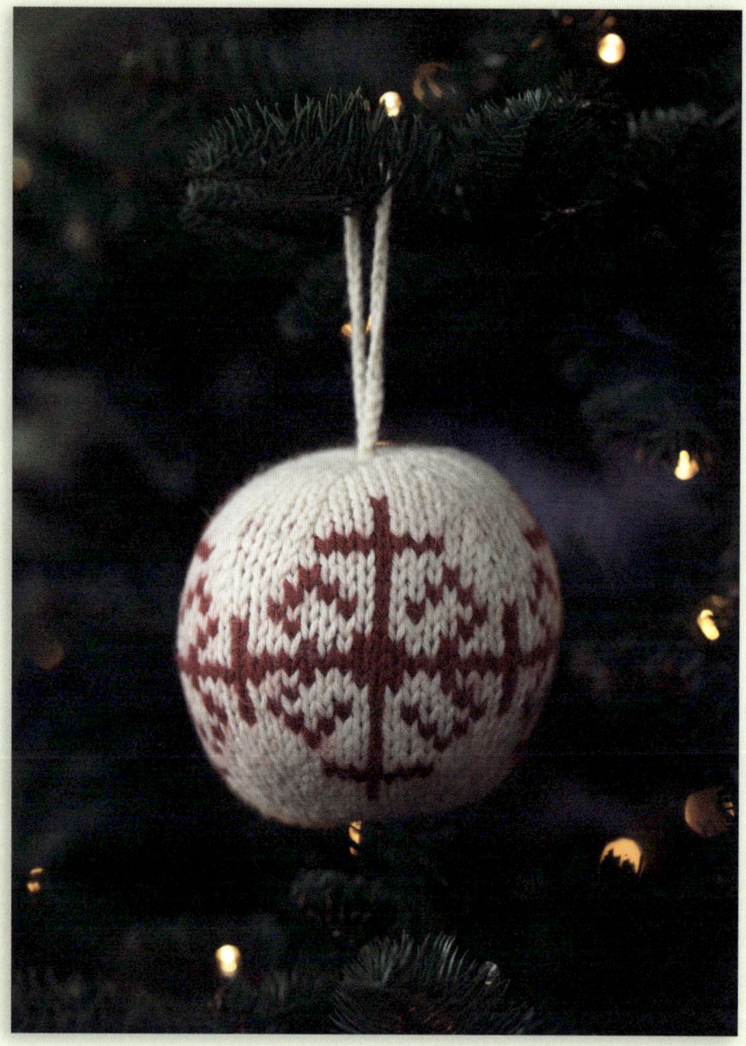

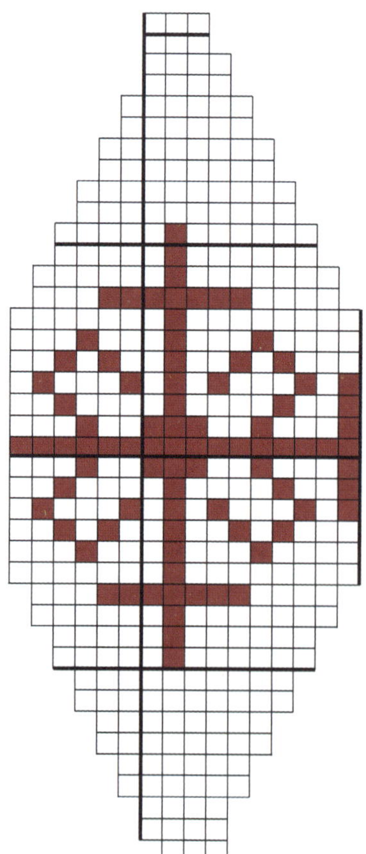

SKIPULLOVER

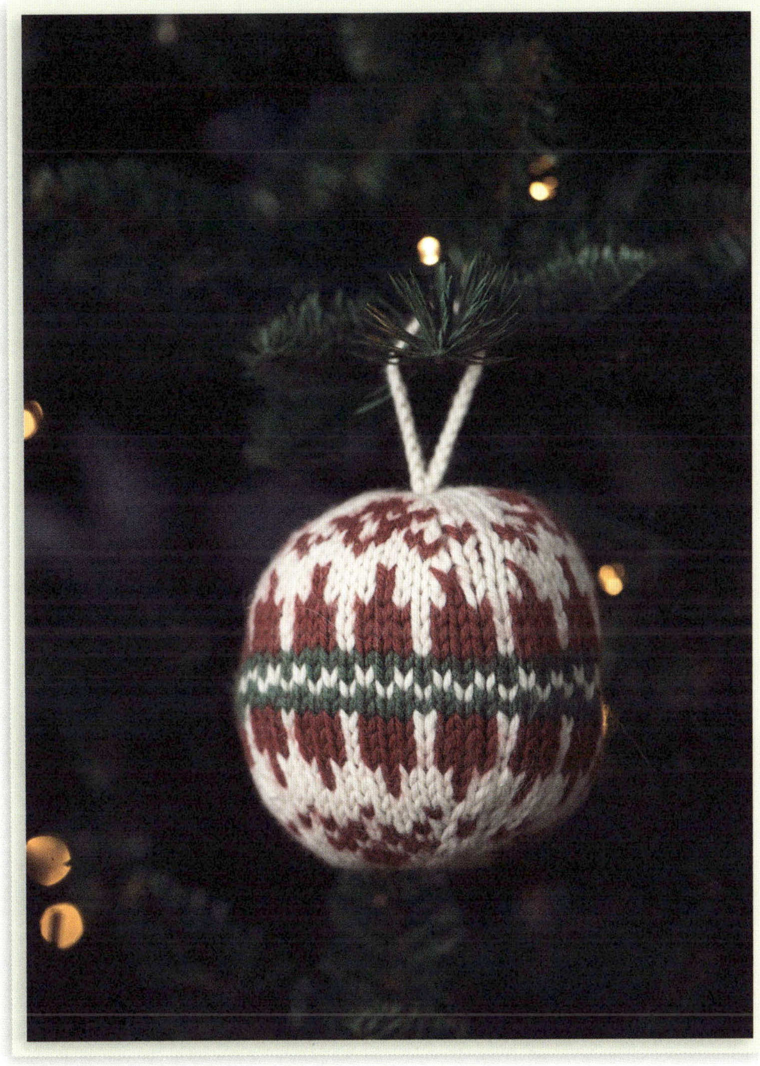

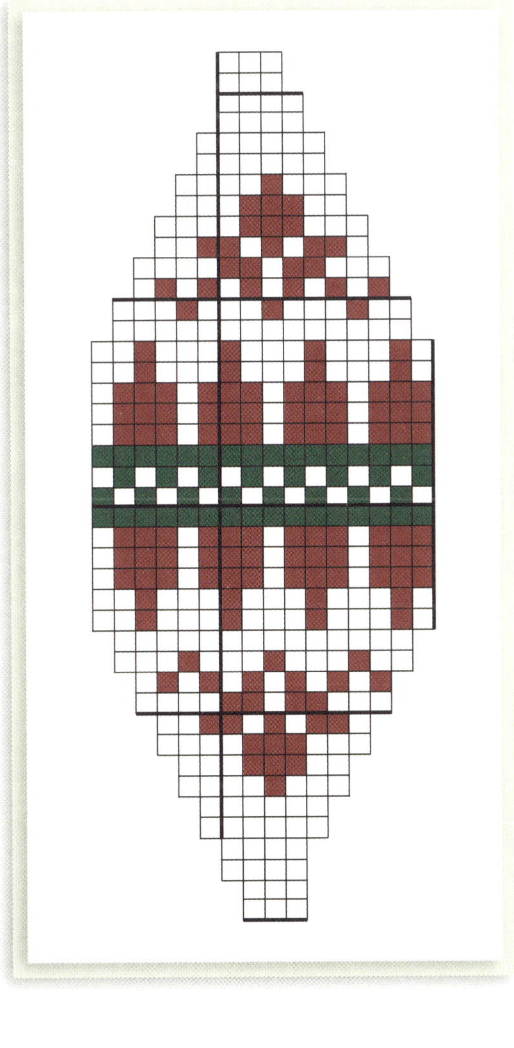

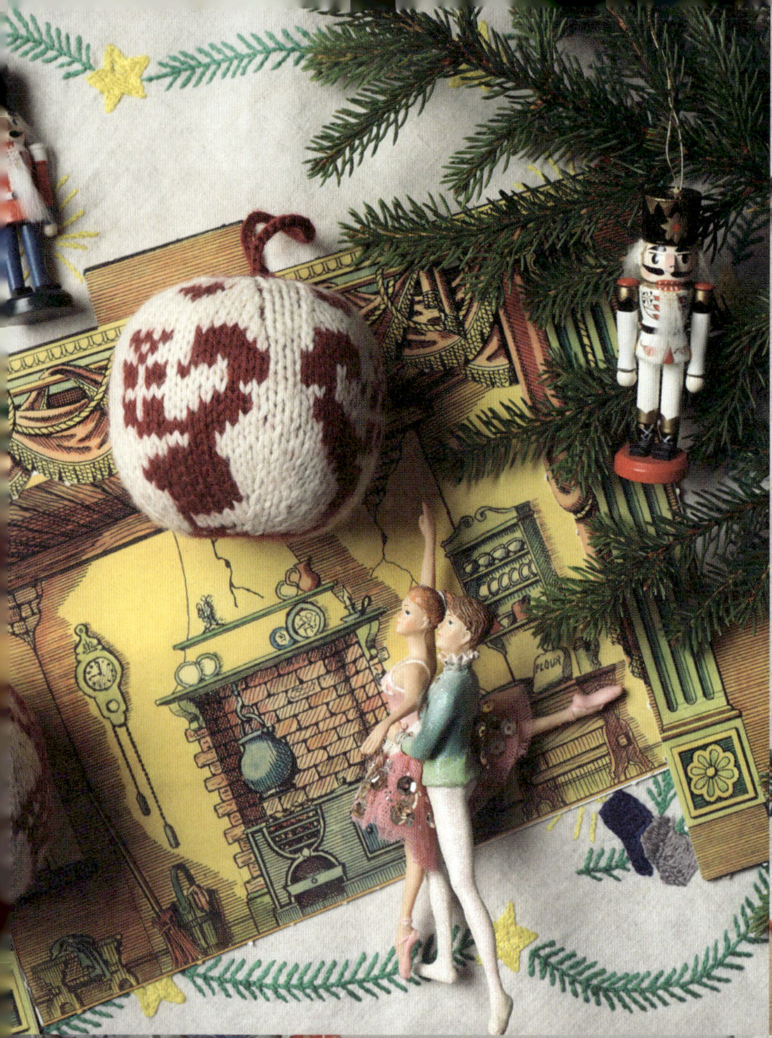
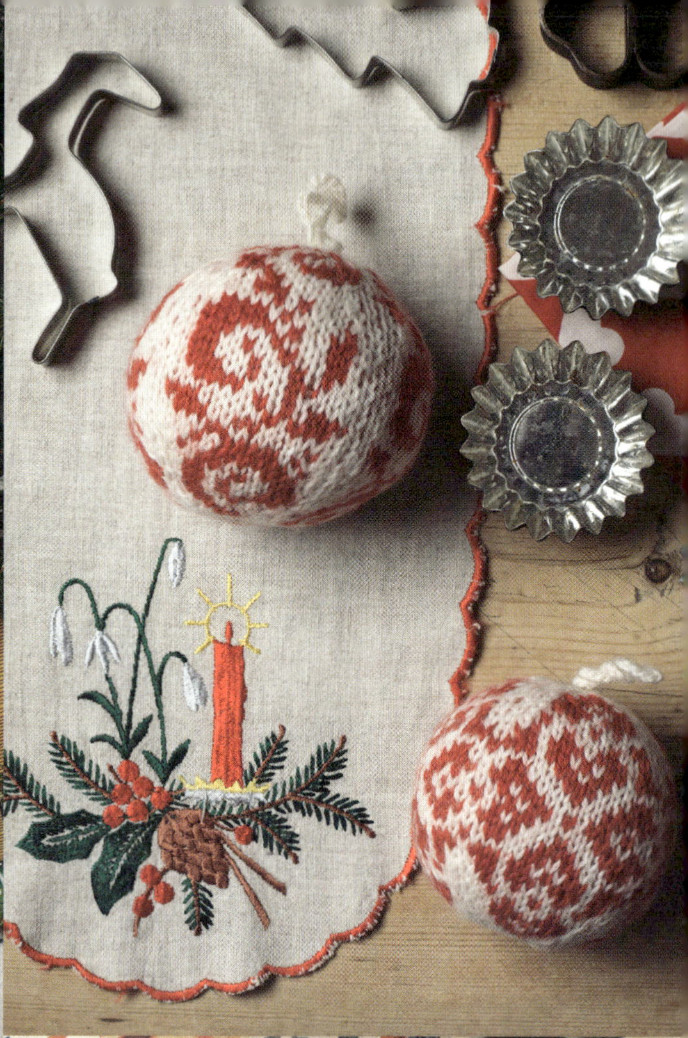
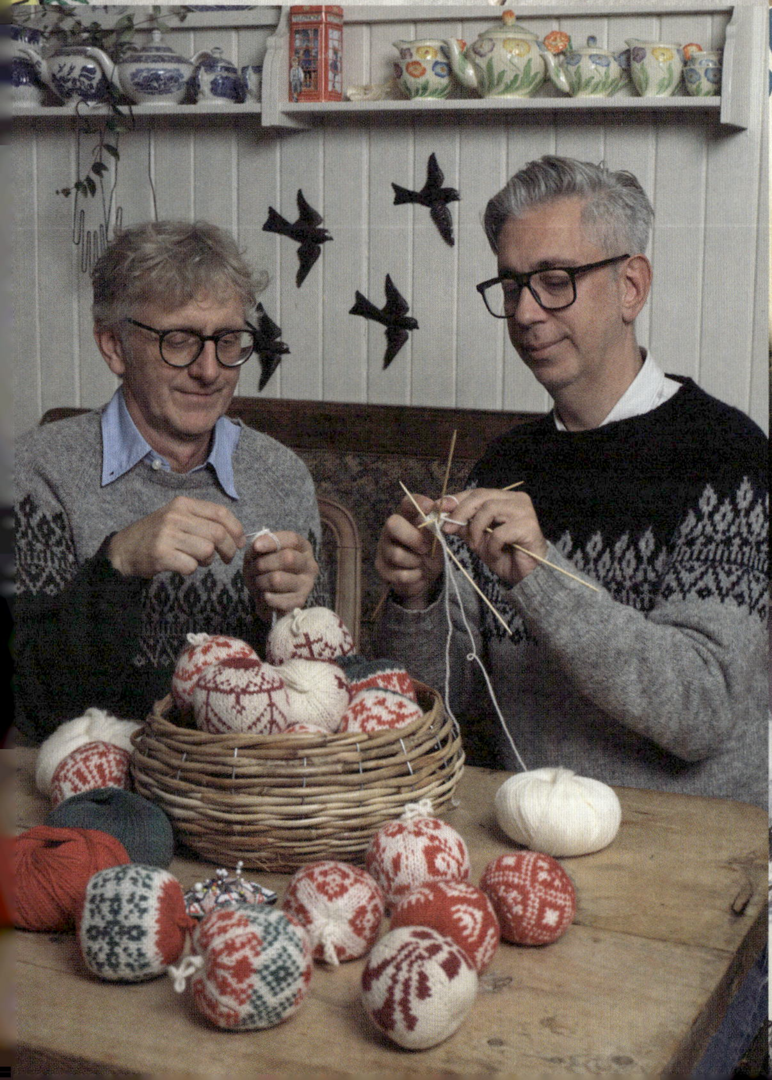
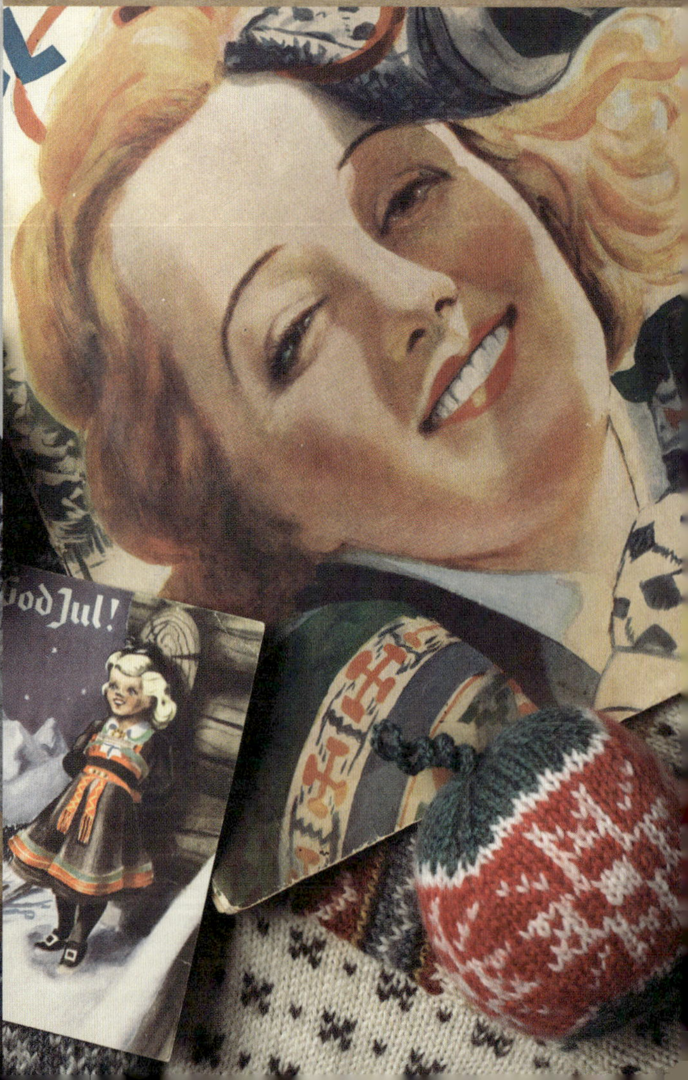

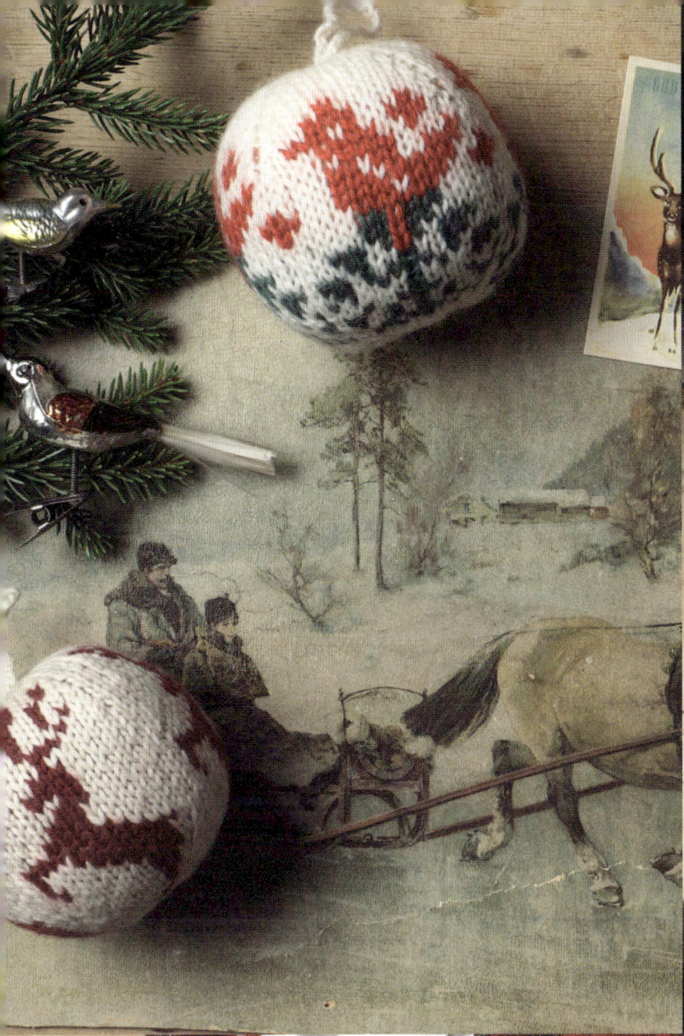
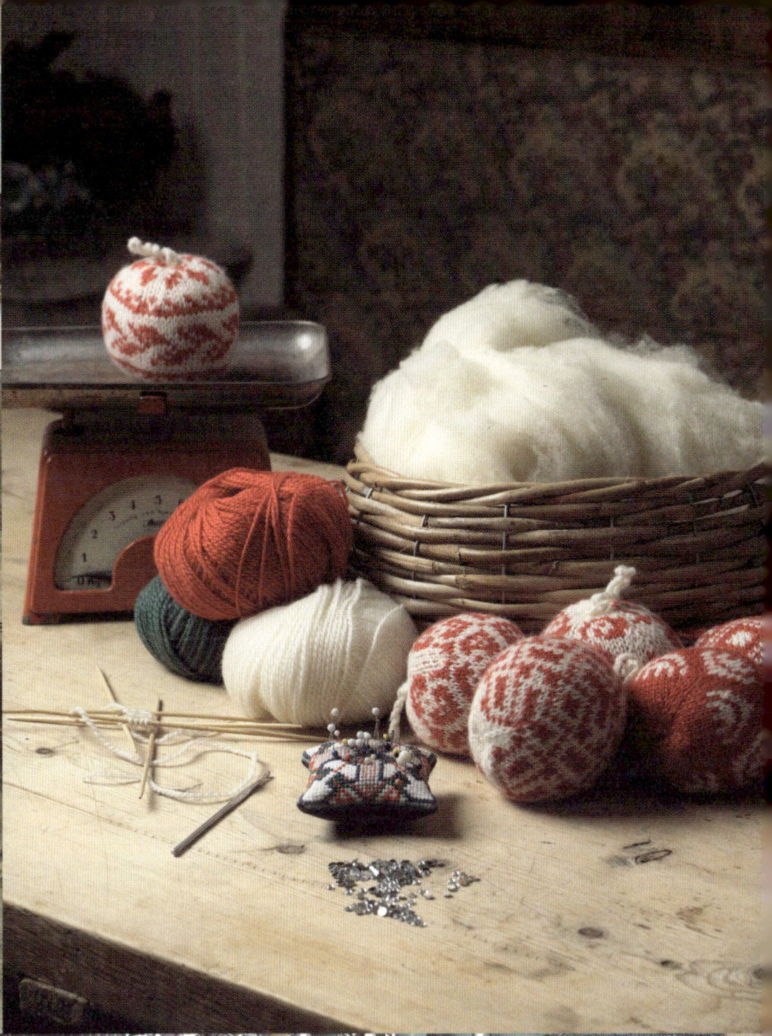
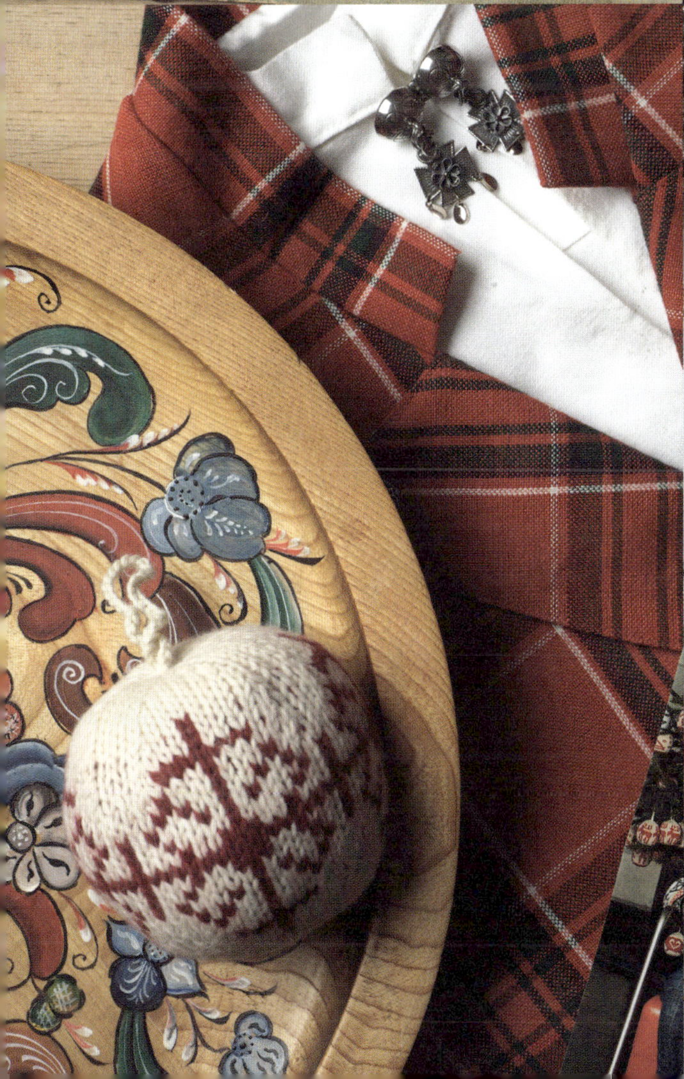
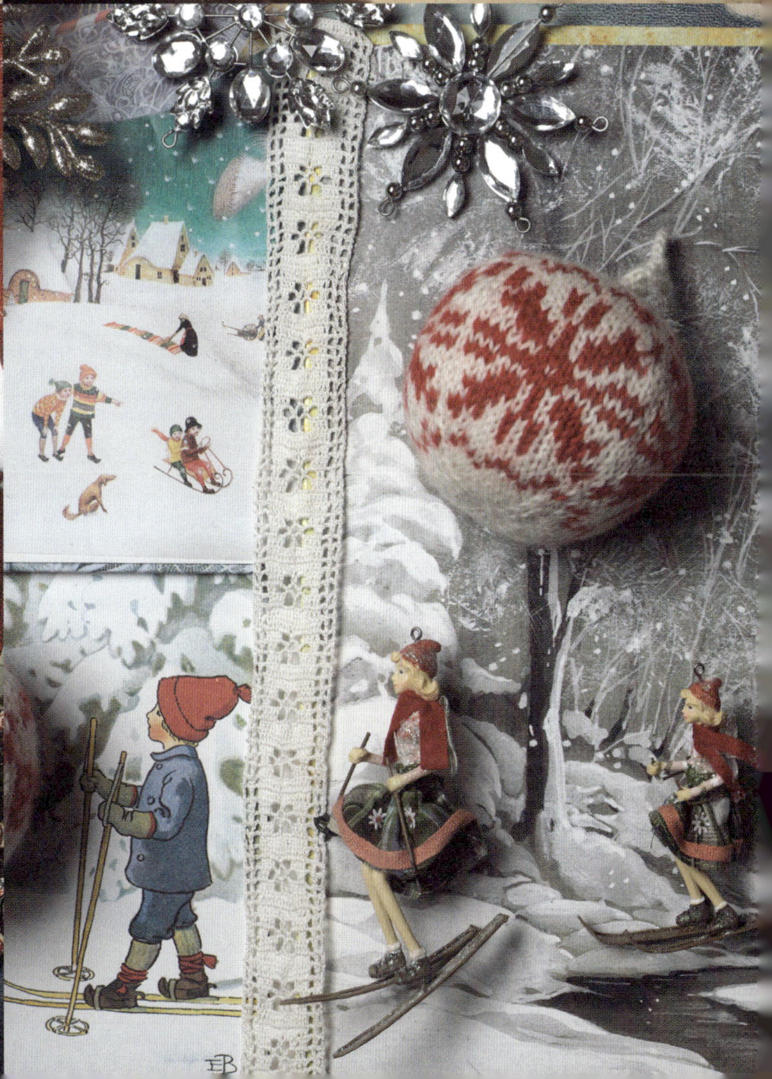

HEMSEDAL

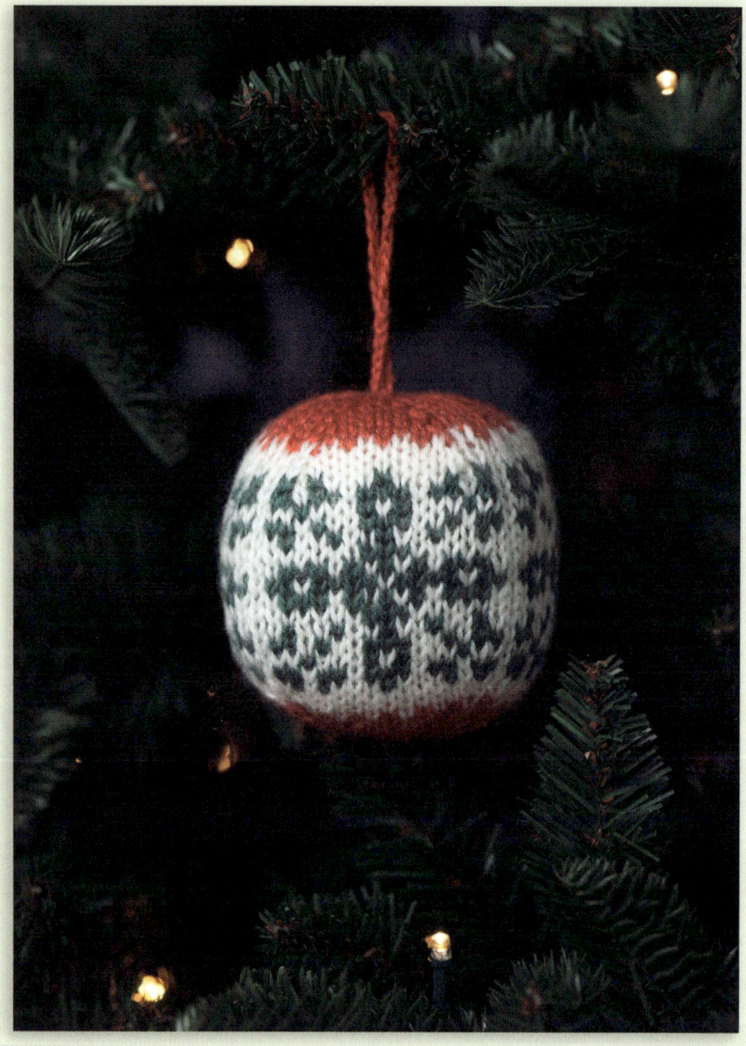

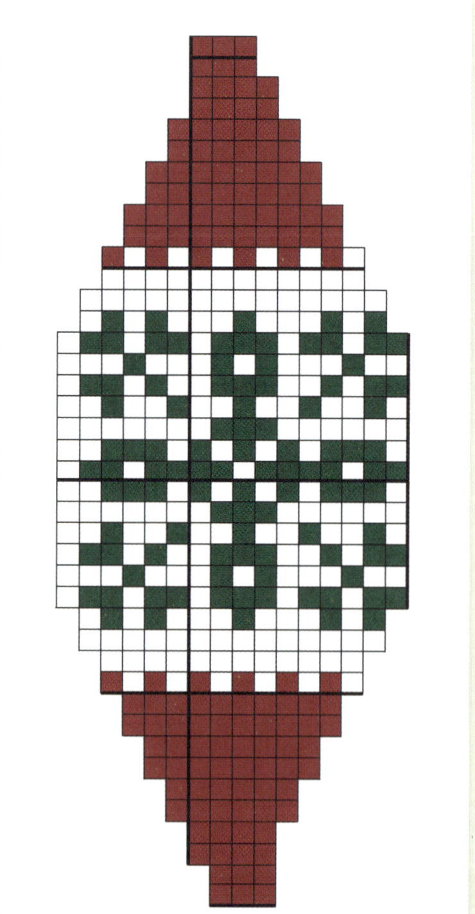

GOL

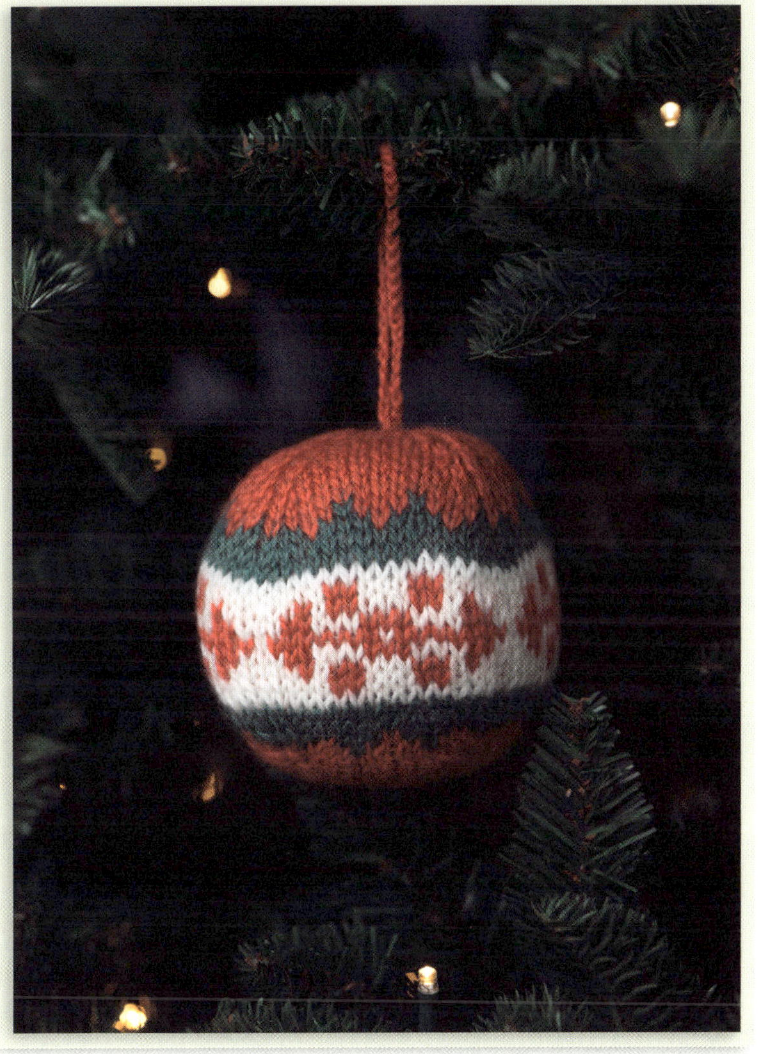

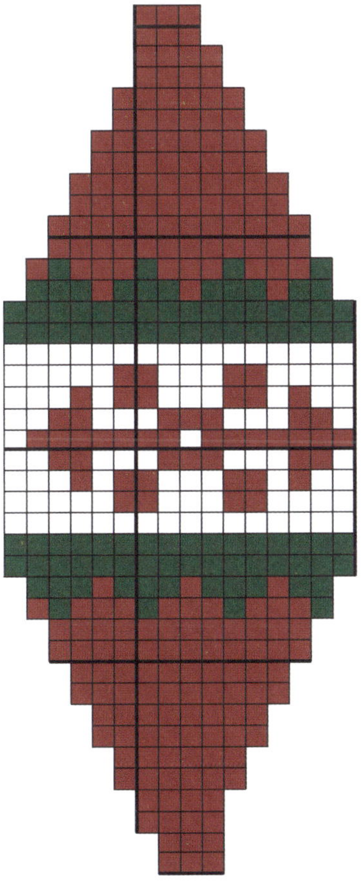

TUDDAL

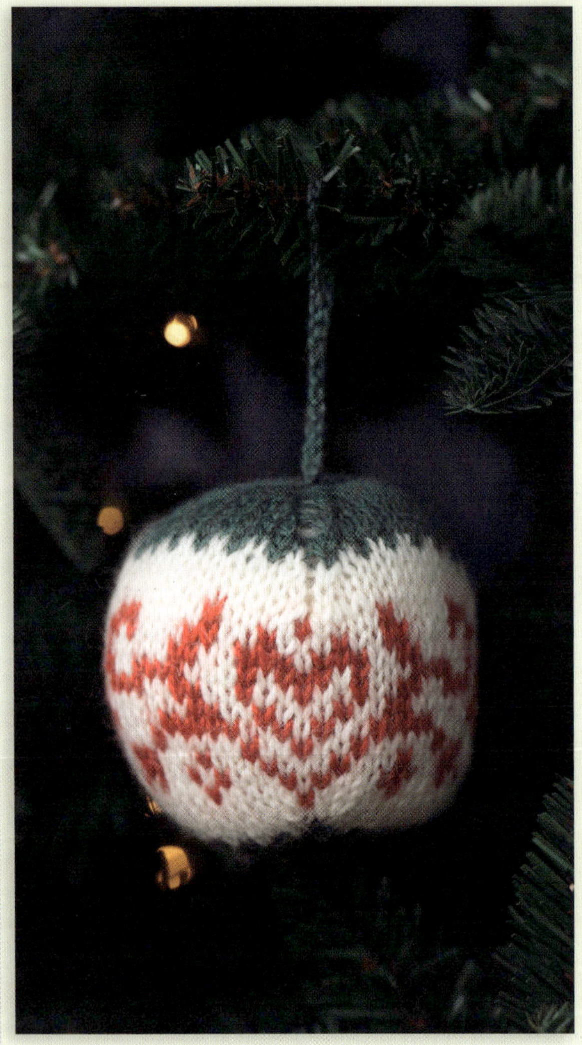

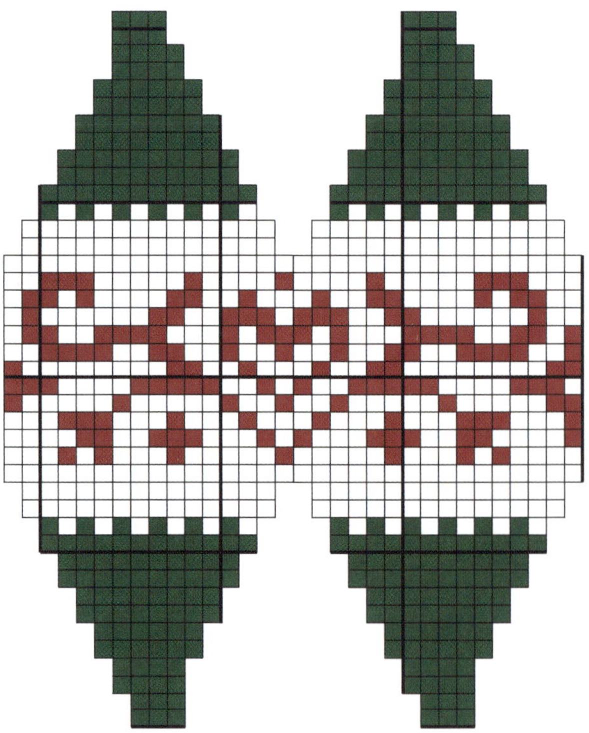

ACHTBLÄTTRIGE ROSE

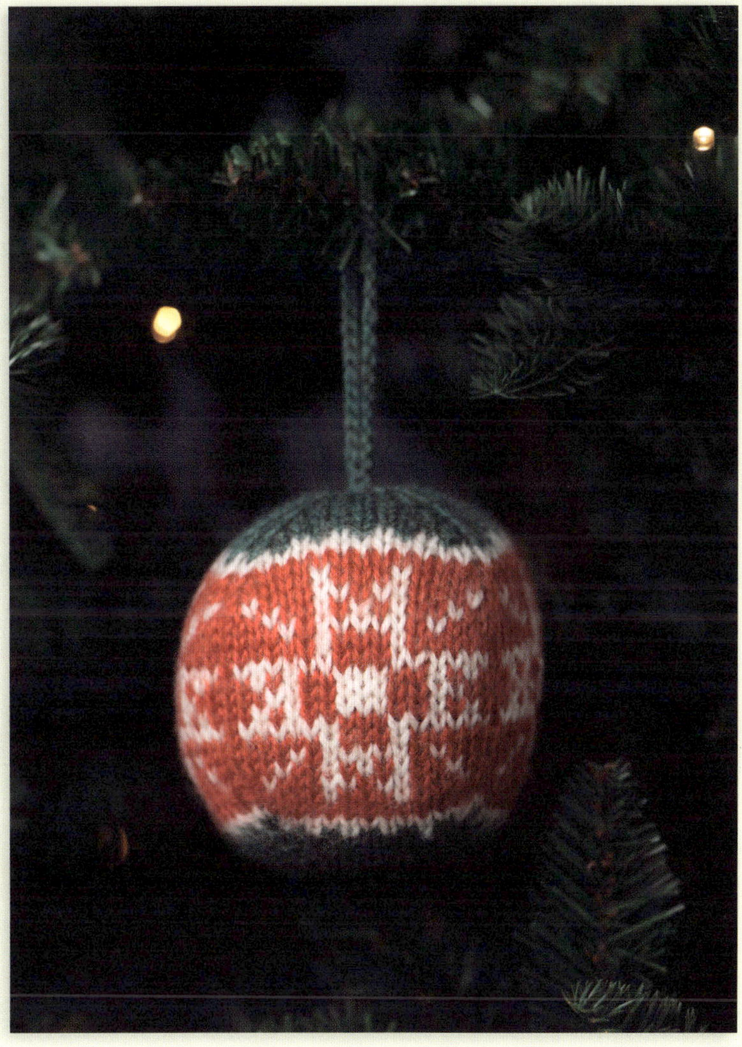

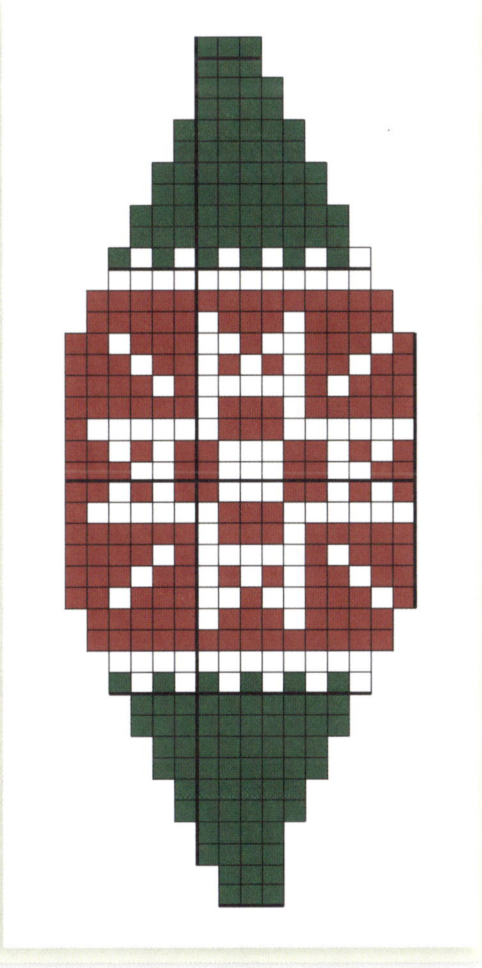

SETESDAL

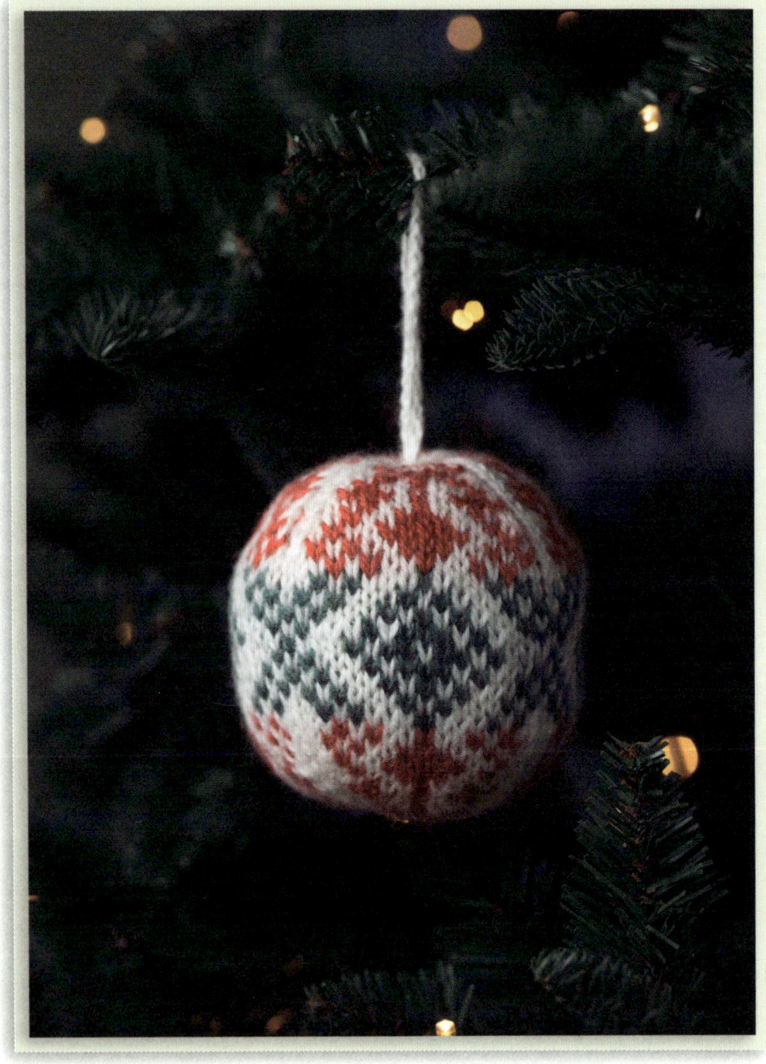

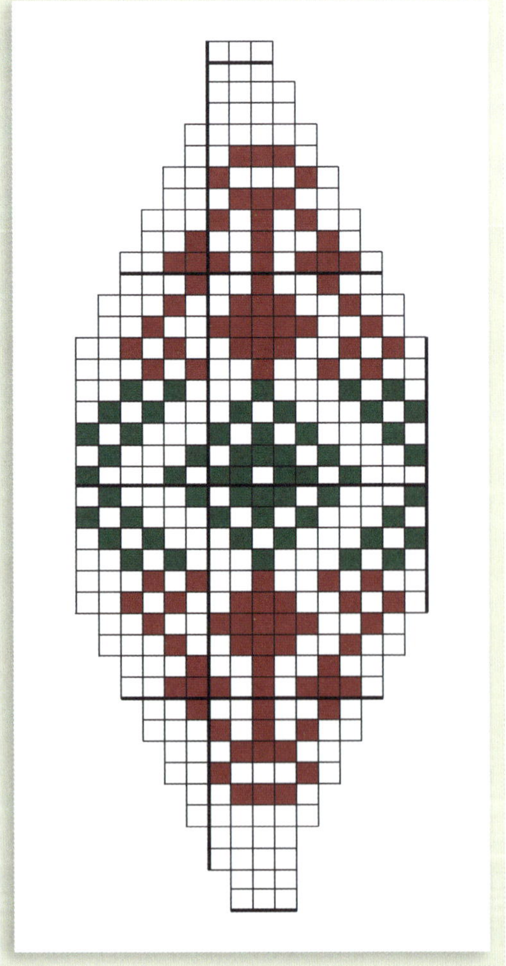

LILLEHAMMER

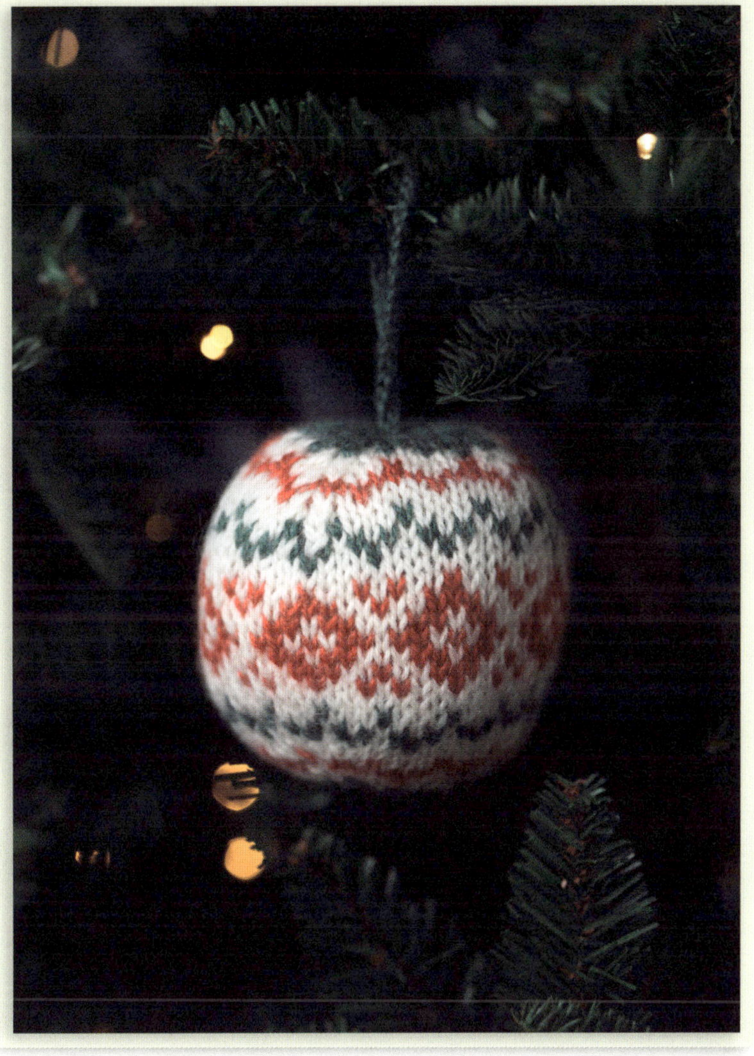

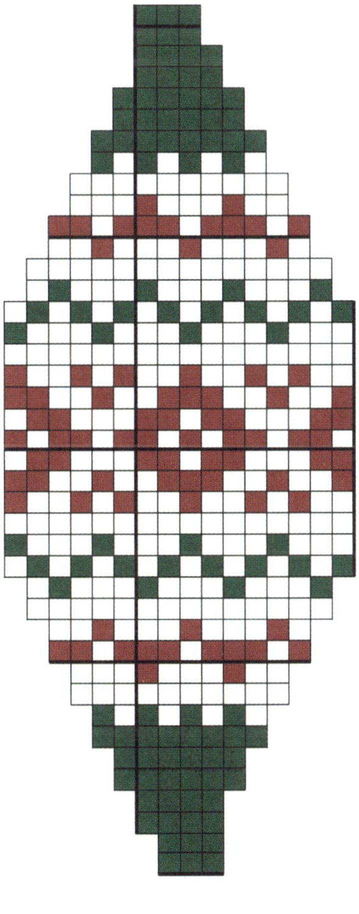

TRYSIL

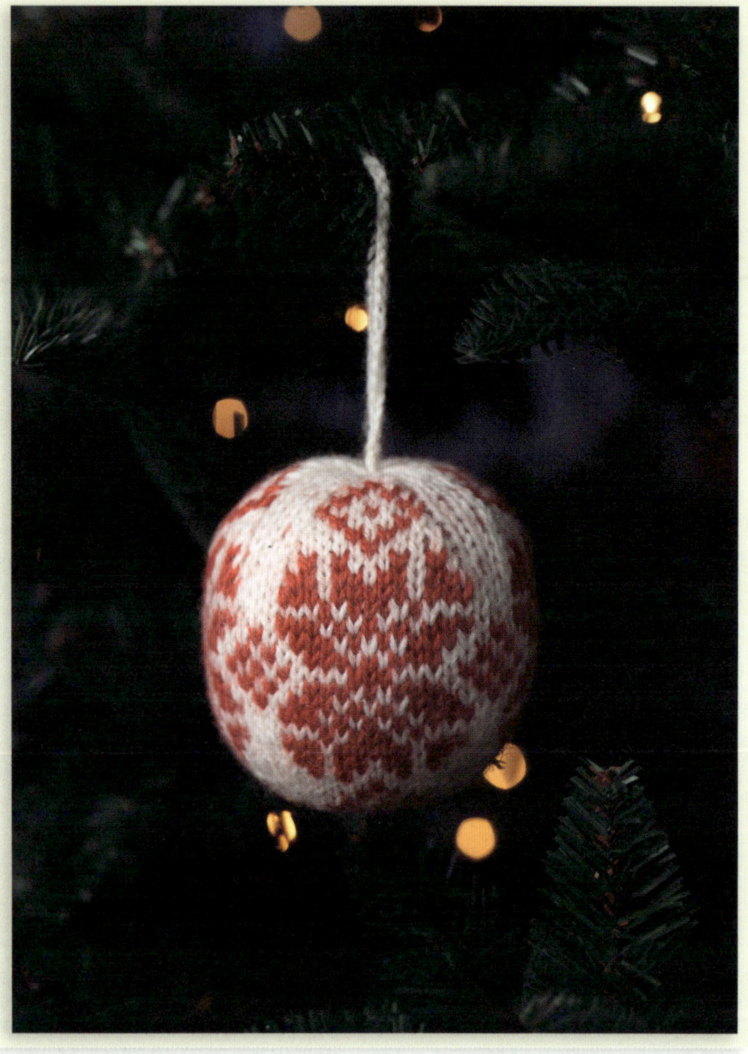

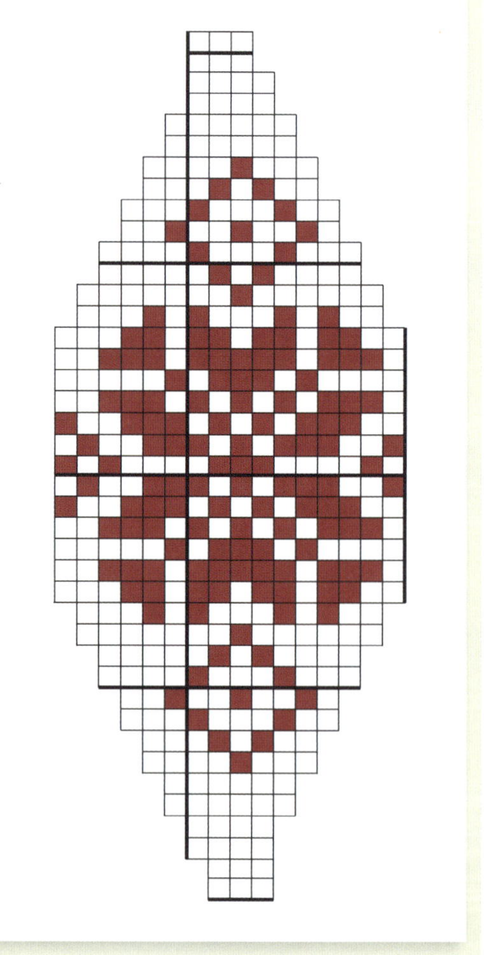

Weihnachtskugel 36

HALLINGDAL

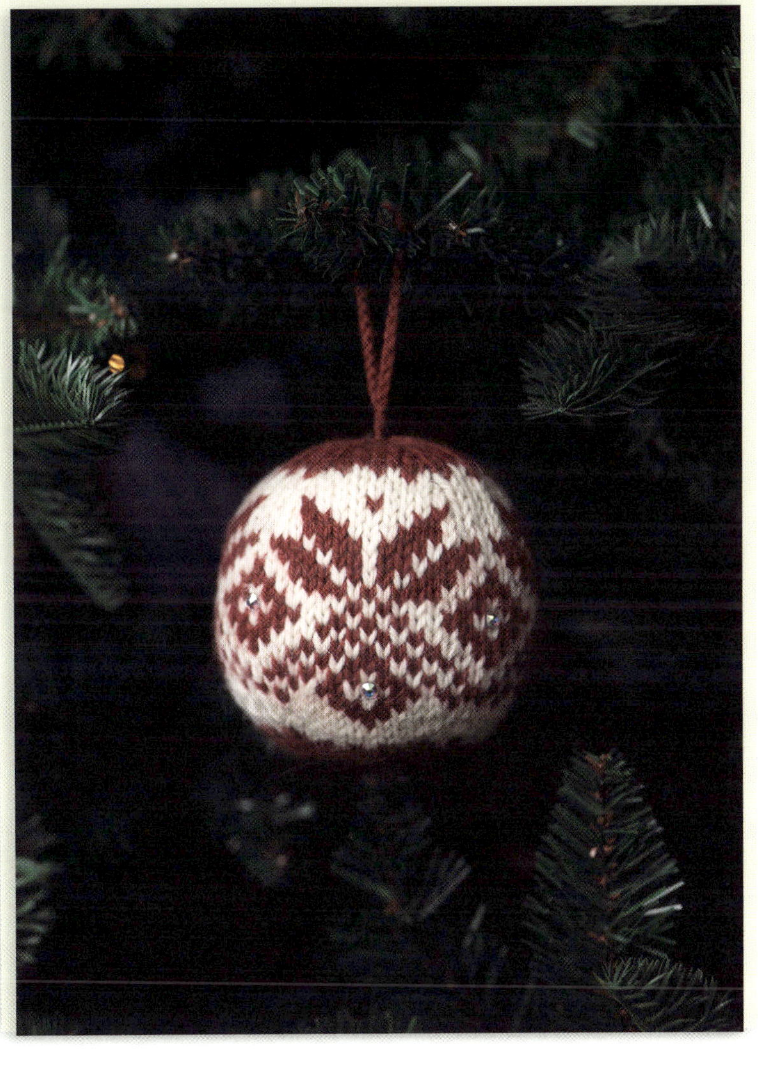

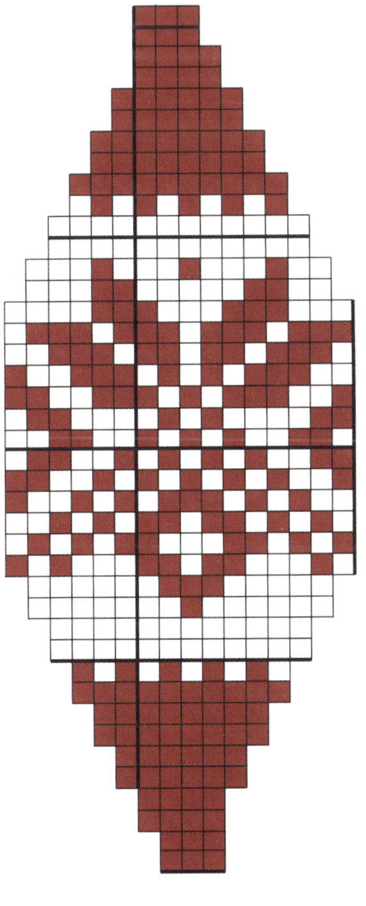

AURDAL

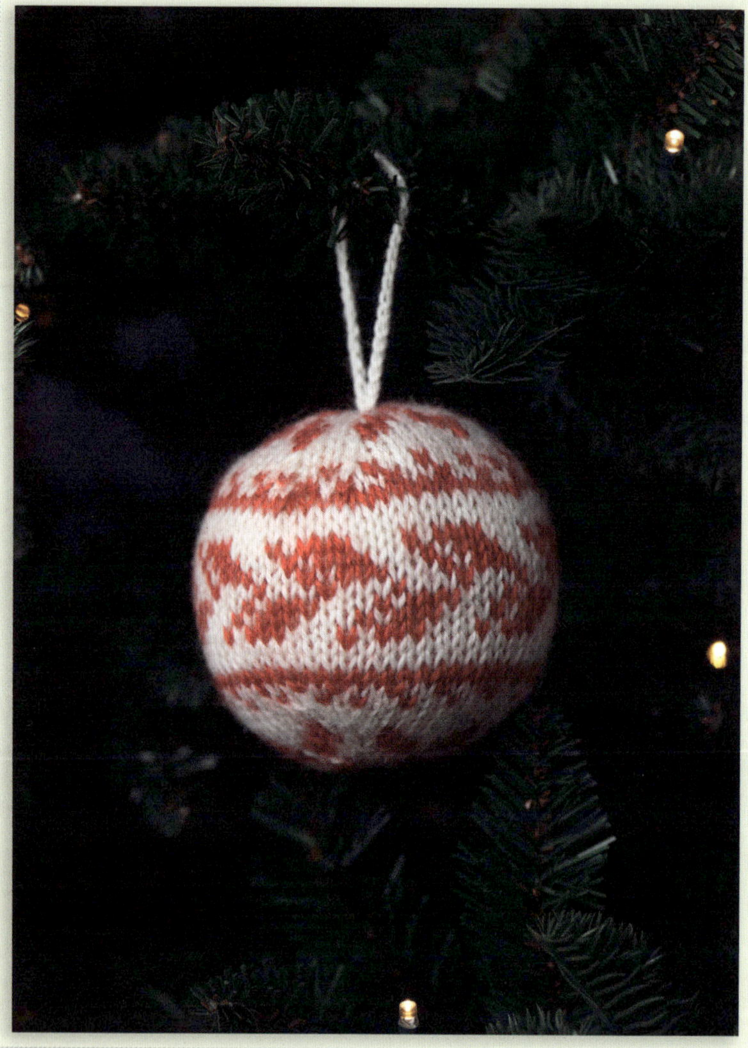

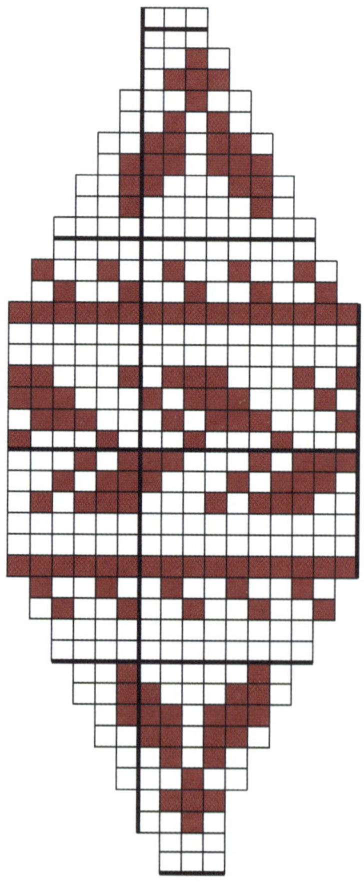

LOFOTEN

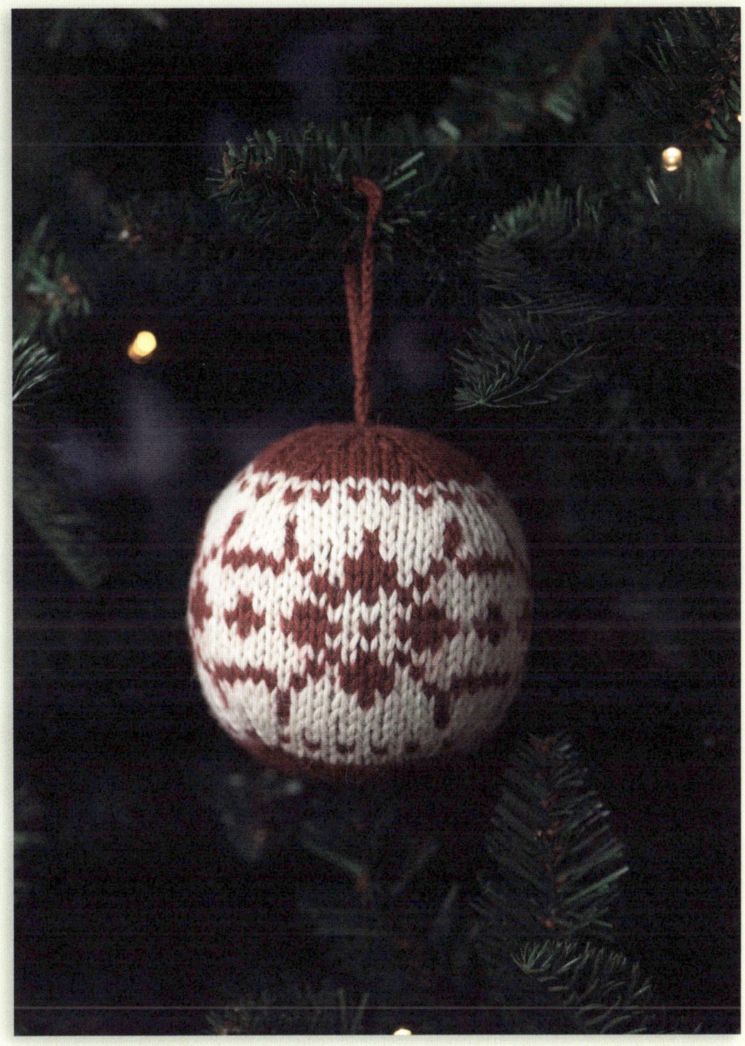

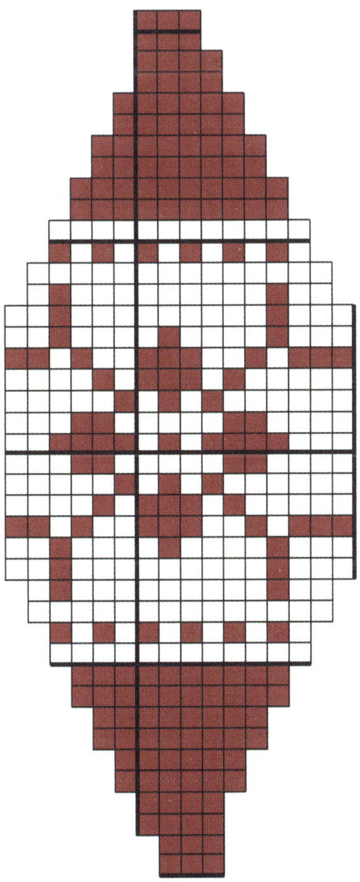

VALDRES

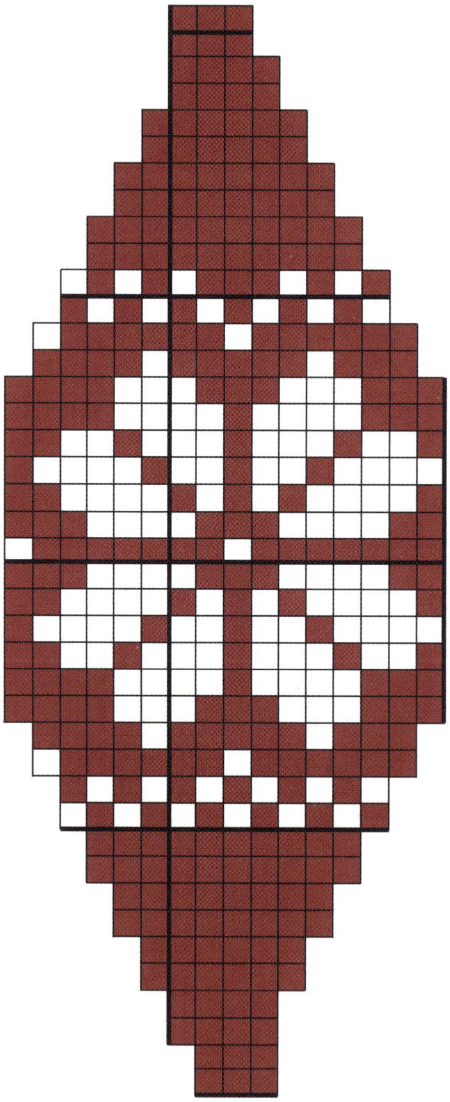

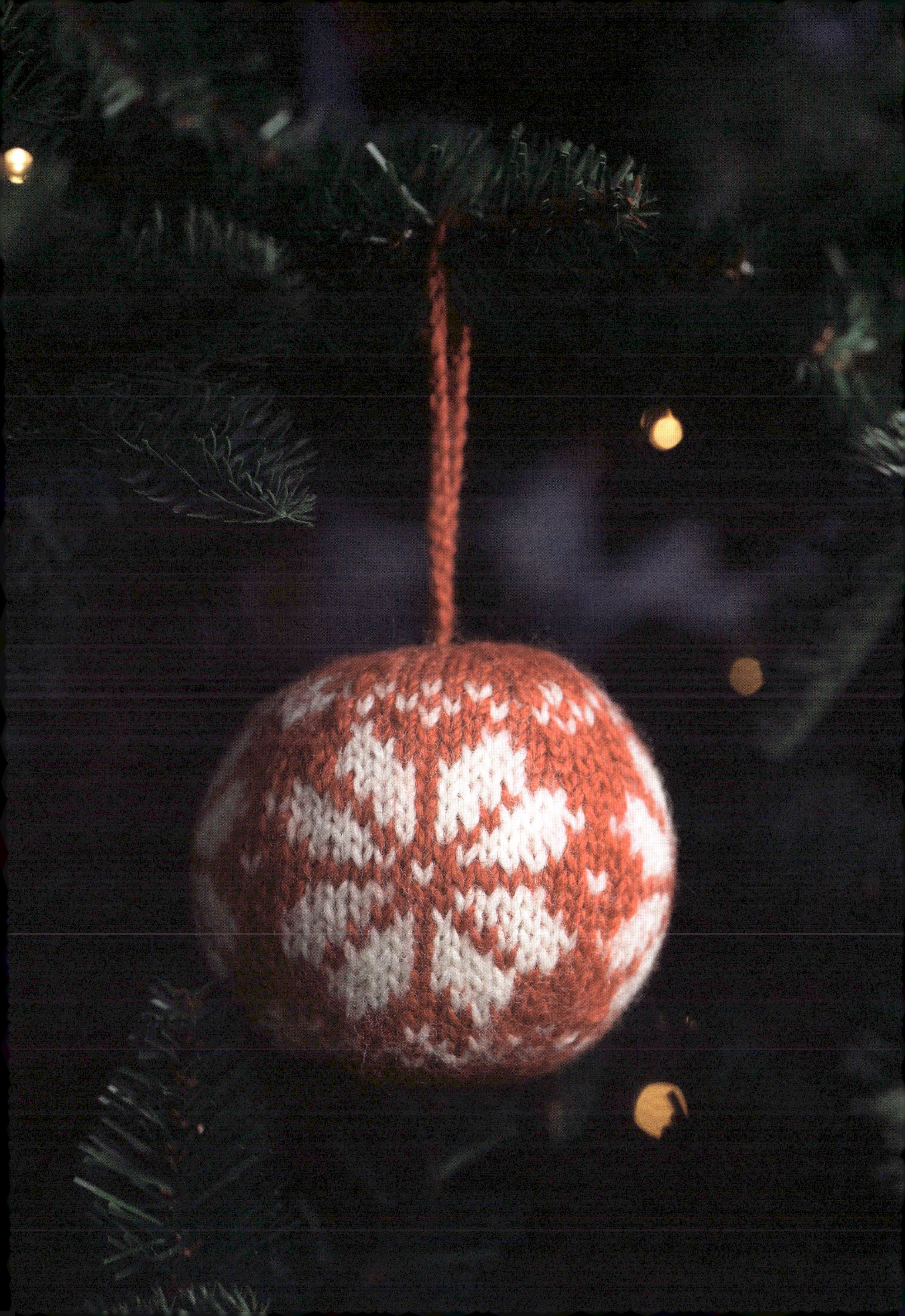

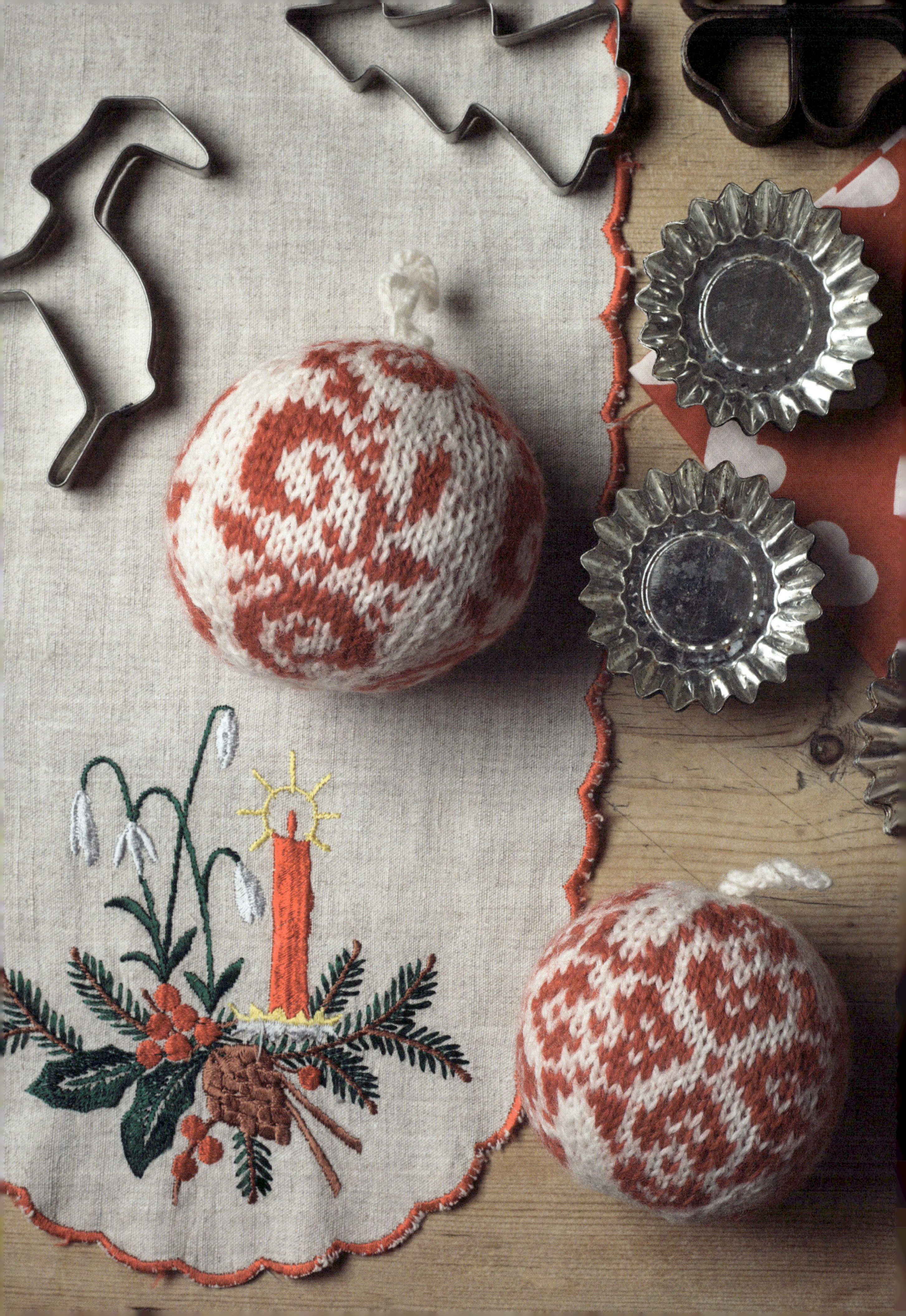

WEIHNACHTS-GEBÄCK

„KAKELINNA" BEZEICHNET IM NORWEGISCHEN EINE KURZE PERIODE MIT MILDEM WETTER, MEIST IM DEZEMBER VOR WEIHNACHTEN. ES LÄSST SICH WÖRTLICH ÜBERSETZEN ALS „KEKSTAUWETTER".

Norwegischen Volksbräuchen zufolge wurde das milde Wetter durch das Backen in den Wochen vor Weihnachten verursacht, als die Menschen ihre Holzöfen zum Backen großer Mengen Kekse für ihre Weihnachtsfeiern nutzten. Da es in allen Küchen Norwegens sehr warm wurde, öffneten die Menschen Türen und Fenster, sodass die aus den Häusern entweichende Hitze einen Wetterumschwung auslöste.

Heutzutage glaubt niemand mehr, dass das Backen von Weihnachtsplätzchen eine kurze Periode mit mildem Wetter im Dezember auslöst. Der Begriff „Kakelinna" wird jedoch immer noch verwendet, wenn es im Dezember besonders mild ist.

Traditionell backen die Norweger mindestens sieben verschiedene Sorten von Keksen – und zwar in großen Mengen. In diesem Kapitel haben wir sieben Weihnachtskugeln entworfen, die sieben unserer Lieblingskekse repräsentieren. Die Rezepte für diese herrlichen Köstlichkeiten können Sie ebenfalls in diesem Buch finden (ab Seite 113)!

ROSETTKAKER

Rezept Seite 121

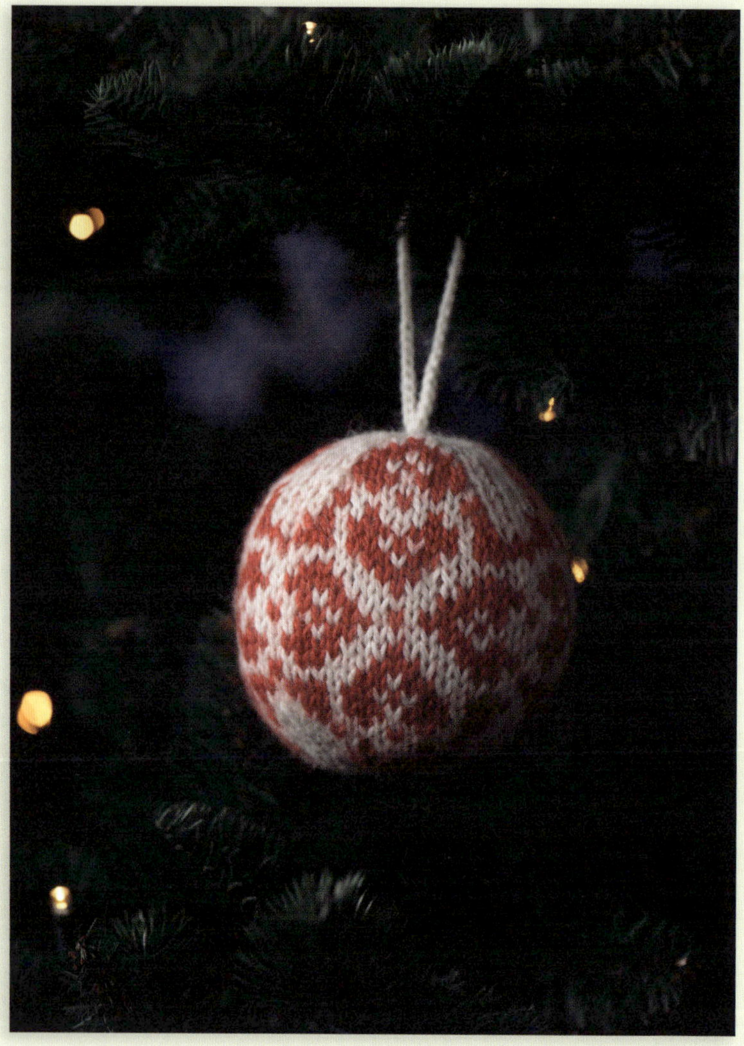

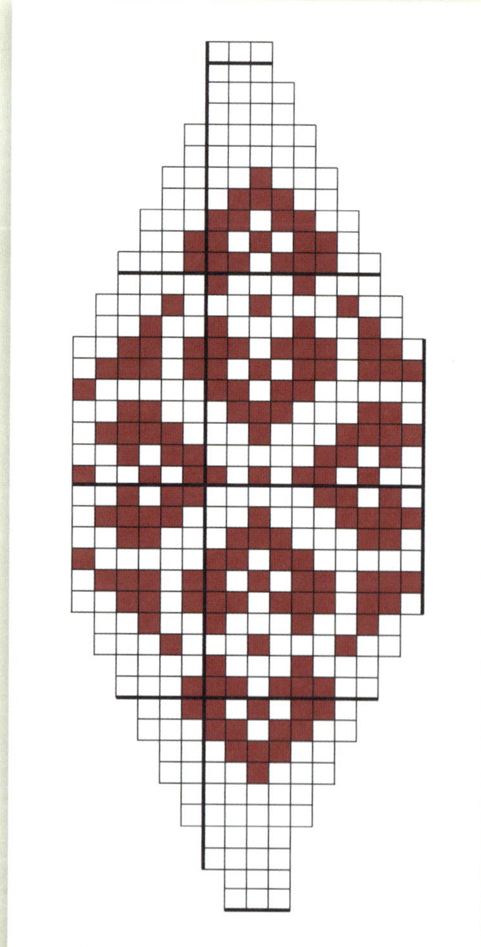

SANDKAKER

Rezept Seite 117

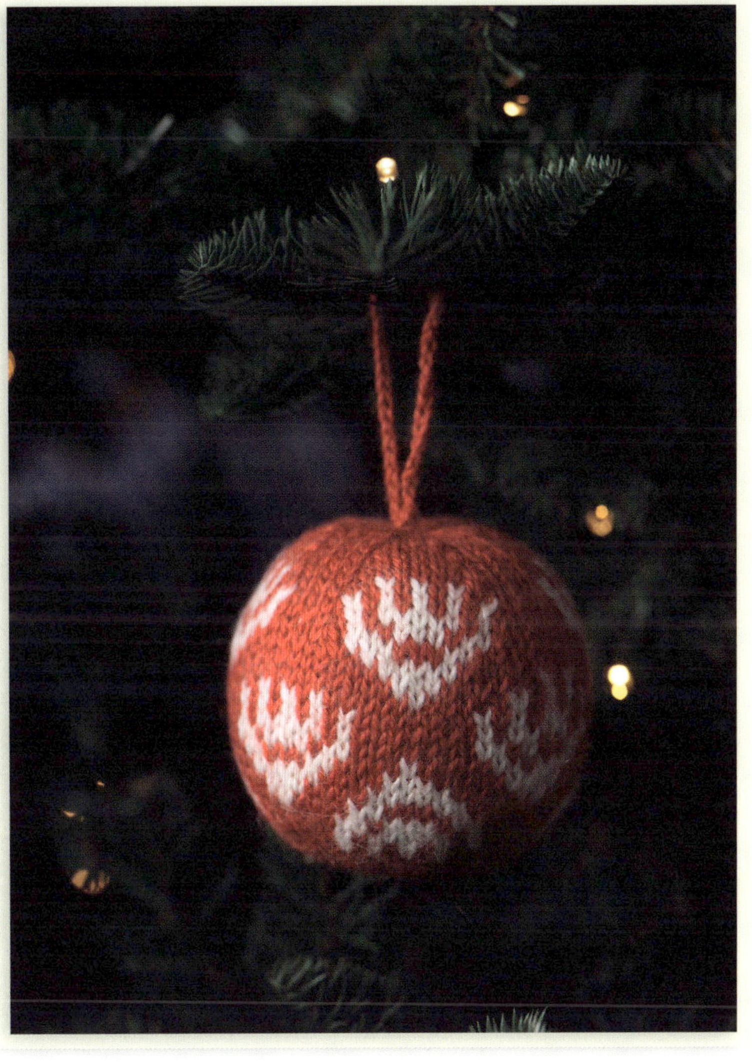

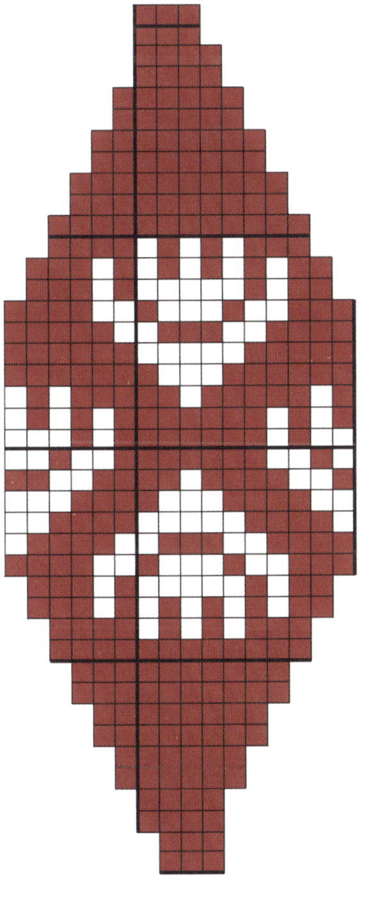

WEIHNACHTSKUGEL 42

PEPPERKAKER

Rezept Seite 127

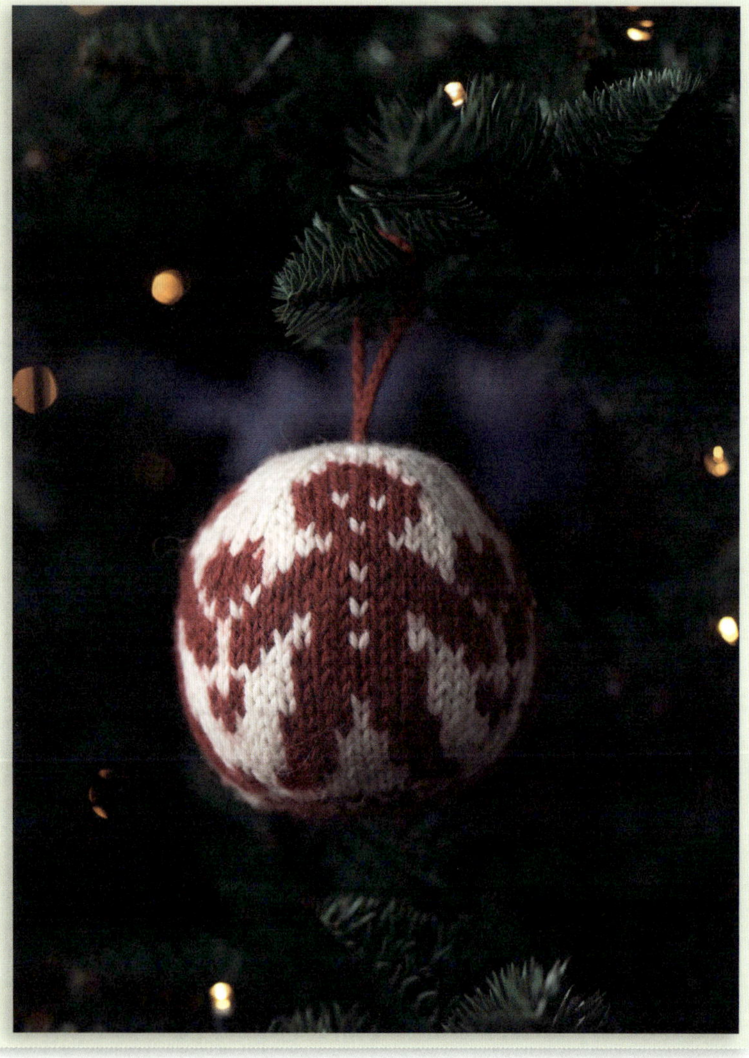

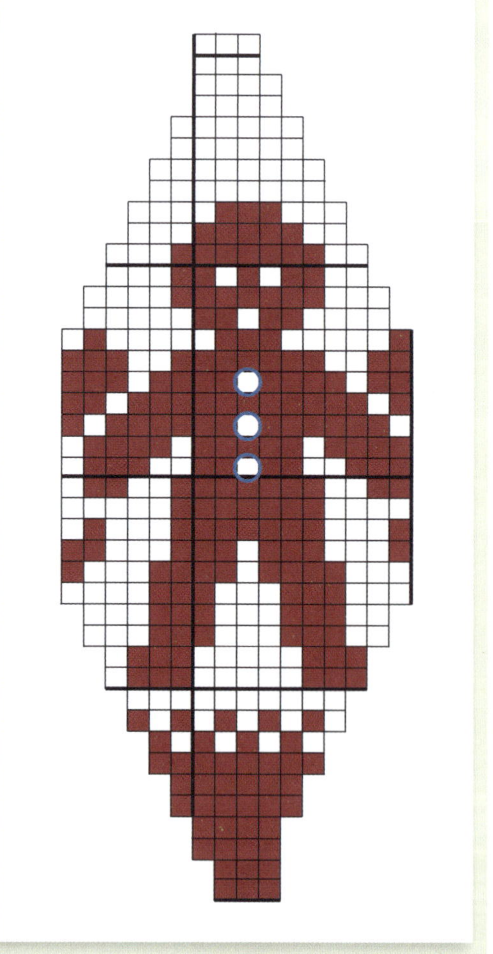

GORO

Rezept Seite 123

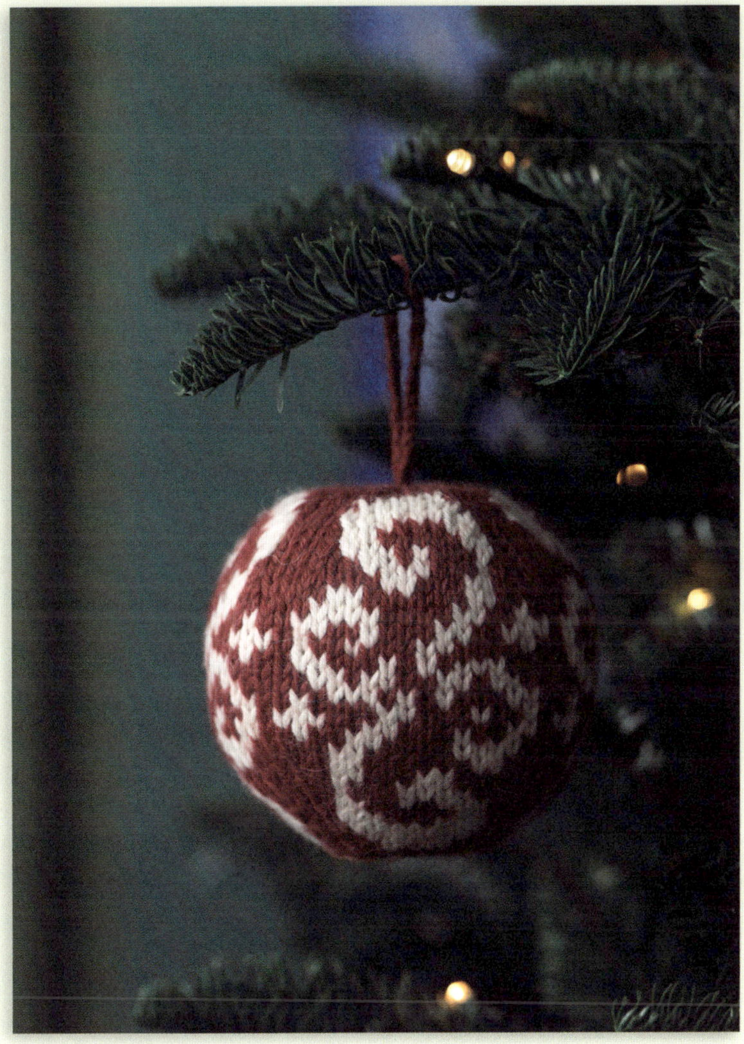

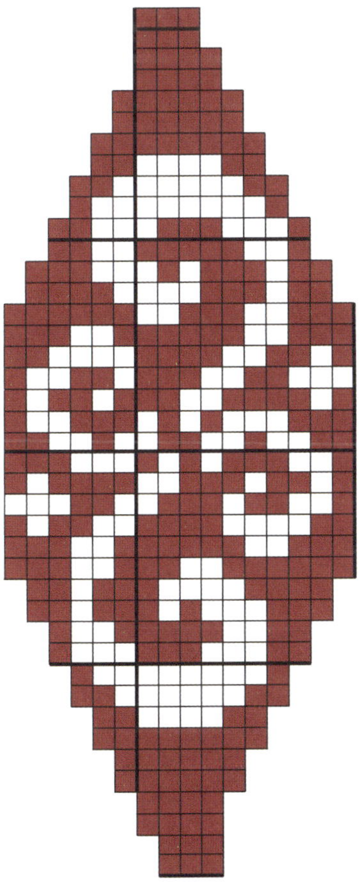

WEIHNACHTSKUGEL 44

KRUMKAKER

Rezept Seite 115

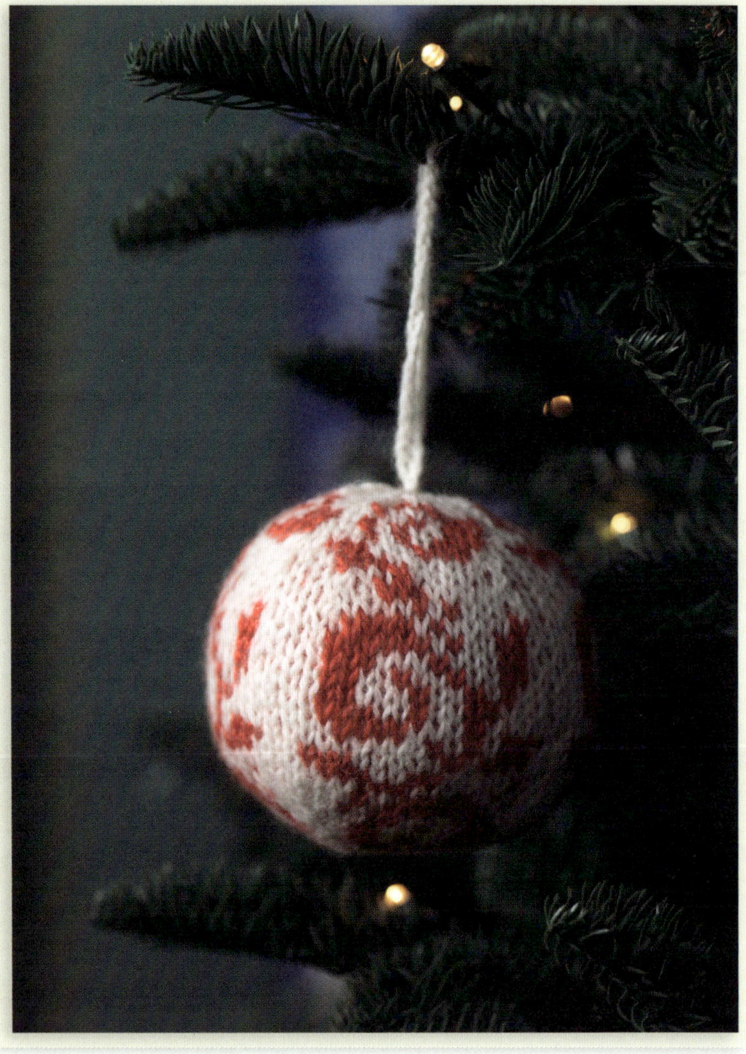

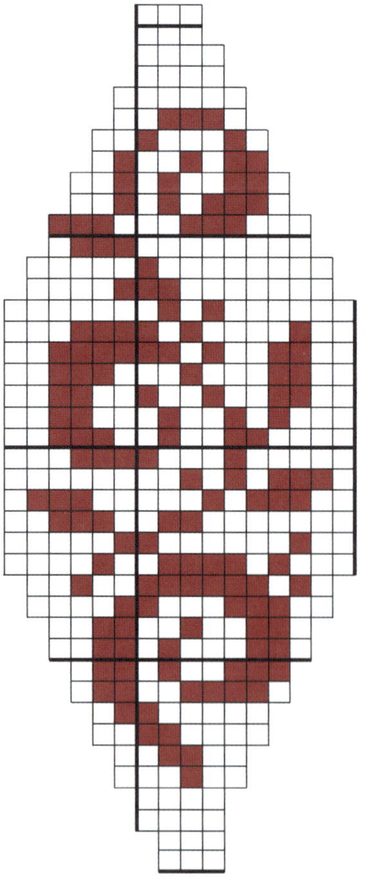

BRUNE PINNER

Rezept Seite 119

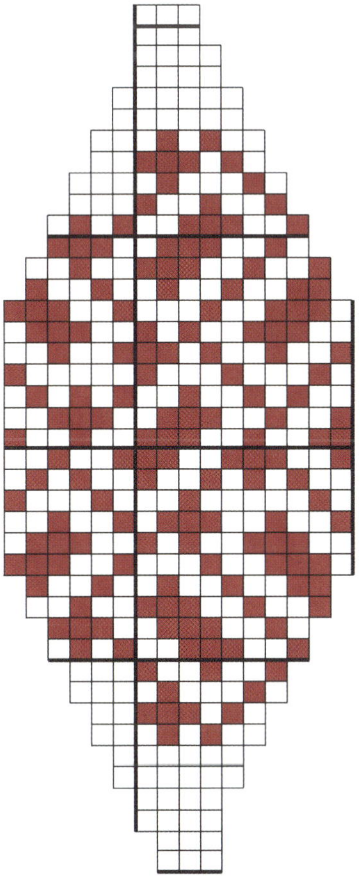

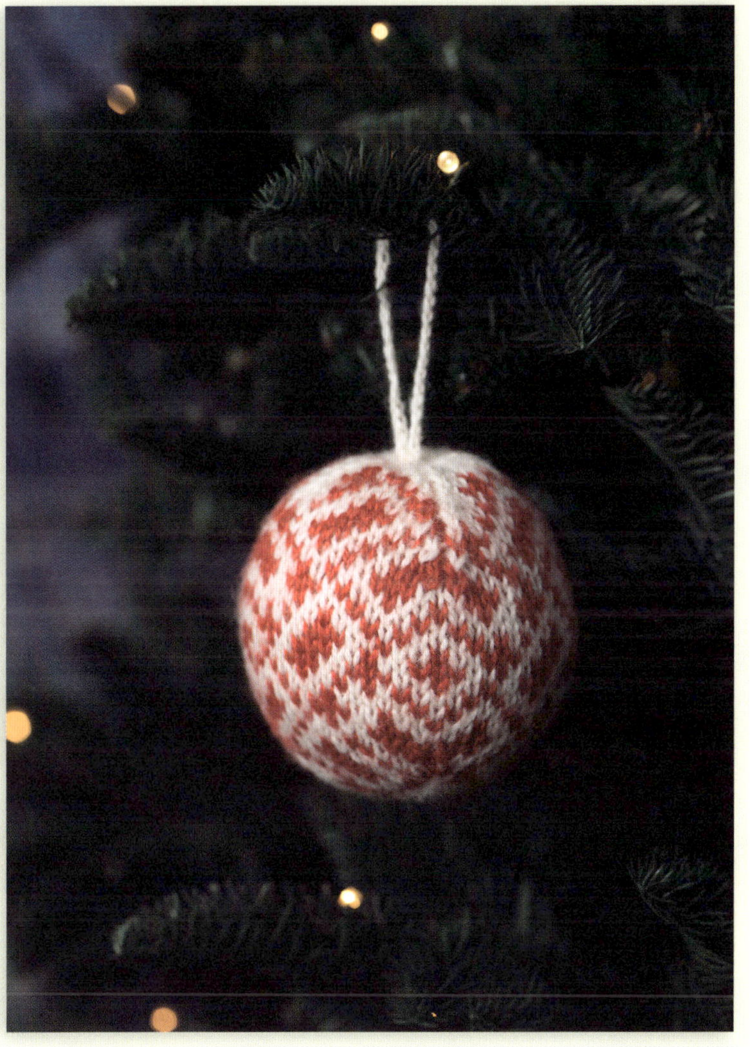

SIRUPSSNIPPER

Rezept Seite 145

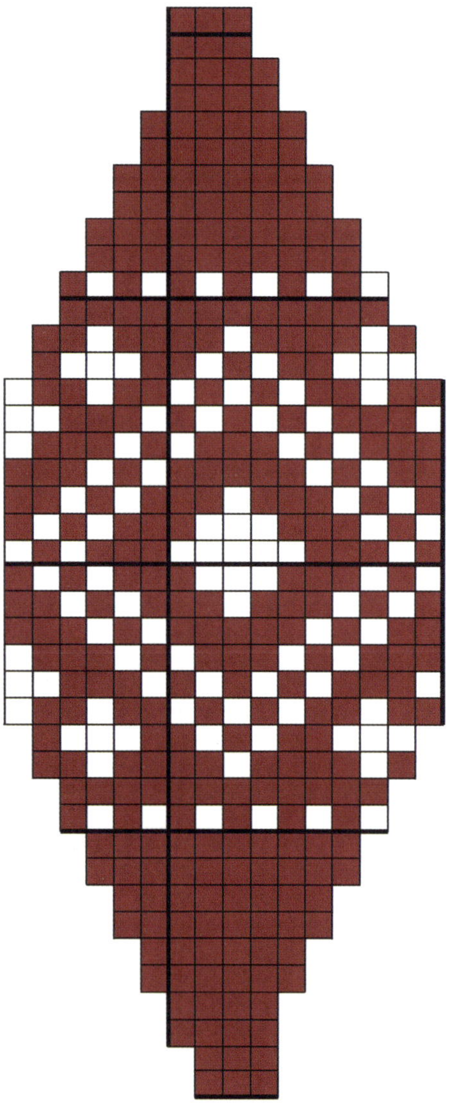

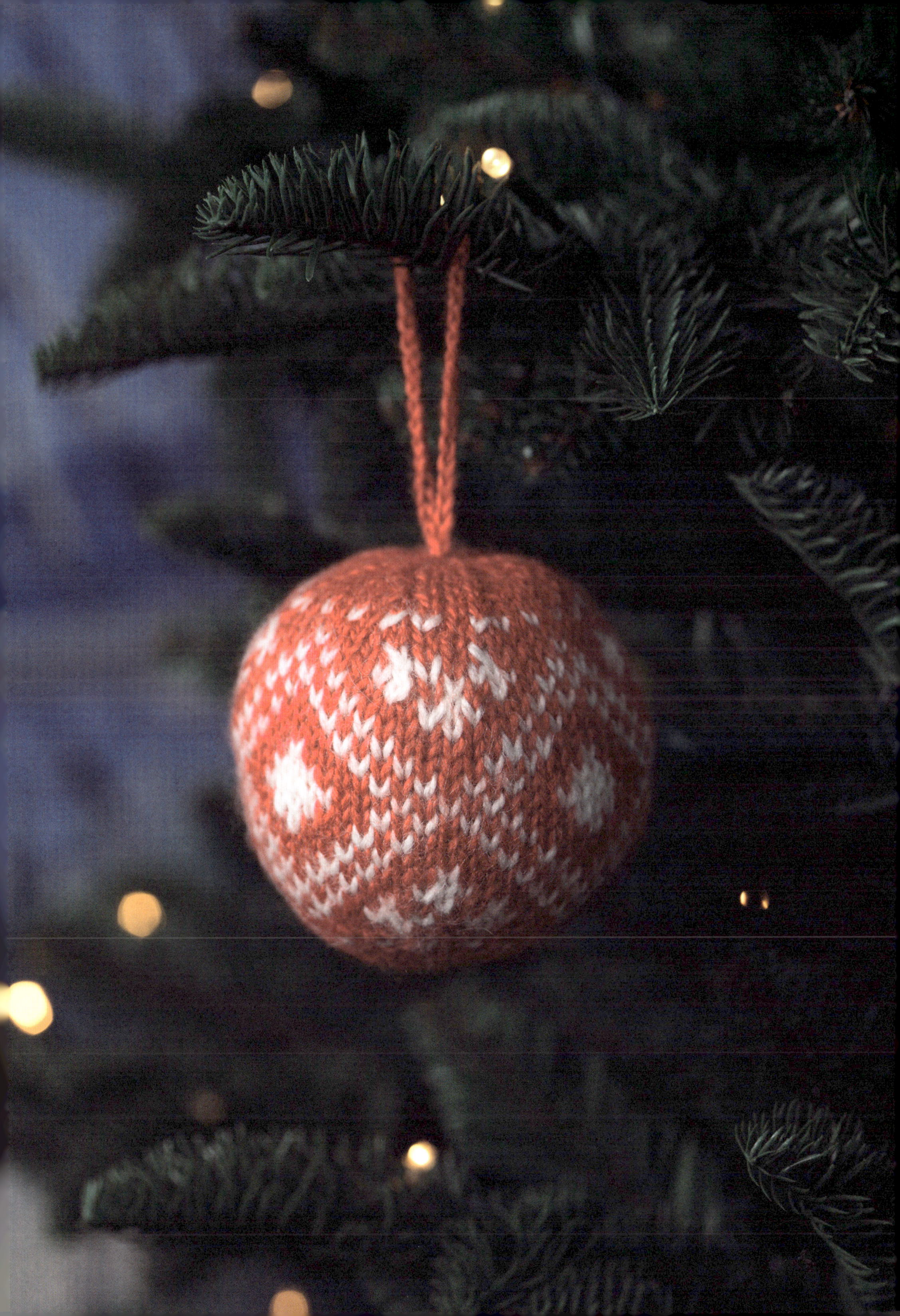

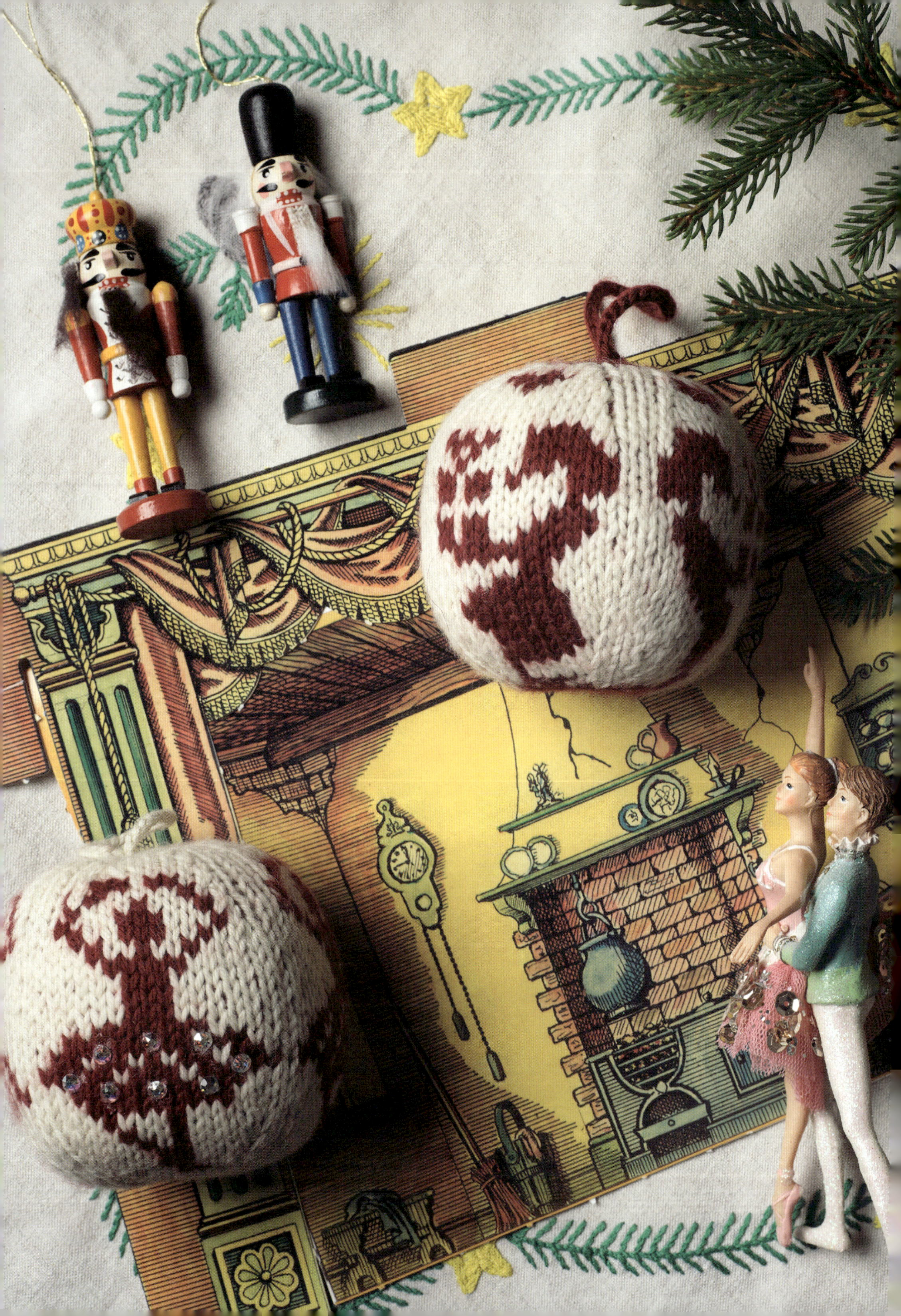

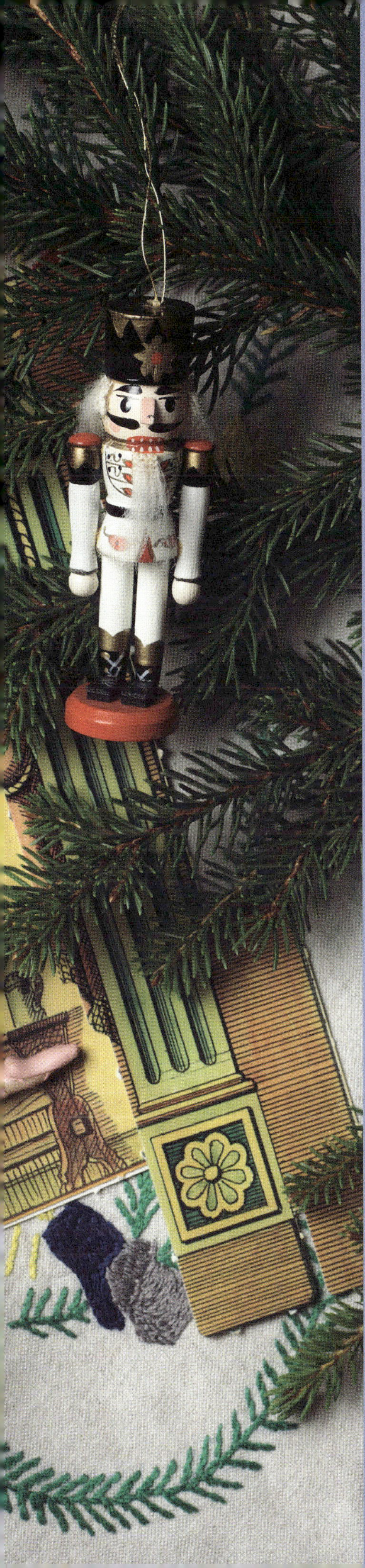

WEIHNACHTS-ZEIT

DER ERSTE ADVENTSSONNTAG IST IN SKANDINAVIEN IMMER EIN GROSSES FEST. DA DER DEZEMBER DER DUNKELSTE MONAT DES JAHRES IST, NUTZEN WIR JEDE AUSREDE, UM MEHR KERZEN ANZUZÜNDEN!

Am 13. Dezember feiern wir nach dem alten Kalender die längste Nacht des Jahres. Das ist das Fest der heiligen Lucia, das Lichterfest. Wir zünden an diesem Tag noch mehr Kerzen an als sonst, schmücken unsere Gärten mit Lichterketten und binden Weihnachtskränze.

In Norwegen schmücken wir die Weihanchtsbäume schon vor Weihnachten, allerdings wird der Baum erst am 23. Dezember ins Haus gebracht. Diesen Tag nennen wir „Lille Juleaften" (kleiner Weihnachtsabend). Jedes Jahr ist es das gleiche Ritual und wir halten uns streng an die Traditionen: Wir machen Weihnachtsmusik an, servieren heißen Glühwein, holen die Weihnachtskugeln heraus und finden für jede von ihnen den richtigen Platz am Baum.

Weihnachten beginnt offiziell um fünf Uhr nachmittags am 24. Dezember, wenn die Kirchenglocken läuten. Normalerweise nehmen wir unser Weihnachtsessen um sieben Uhr ein, gefolgt von einem Buffet mit Weihnachtsgebäck und einem traditionellen Cremedessert mit Blaubeeren. Anschließend sind wir meist bis nach Mitternacht mit dem Auspacken der Geschenke beschäftigt!

In den Bergen, wo wir leben, ist eine weiße Weihnacht fast immer garantiert, und wir verbringen die Tage zwischen Weihnachten und Neujahr auf unseren Skiern. Der Baum bleibt bis zum 7. Januar stehen. Dann ist es an der Zeit, alles abzubauen und über das kommende Weihnachtsfest nachzudenken.

In diesem Kapitel haben wir eine Reihe von Weihnachtskugeln mit Engeln, Kerzen, traditionellen Herzen und anderen weihnachtlichen Motiven entworfen. Sie finden hier sogar unseren alten VW-Käfer aus dem Jahr 1968, der den Baum zu uns nach Hause transportiert.

BALLERINA

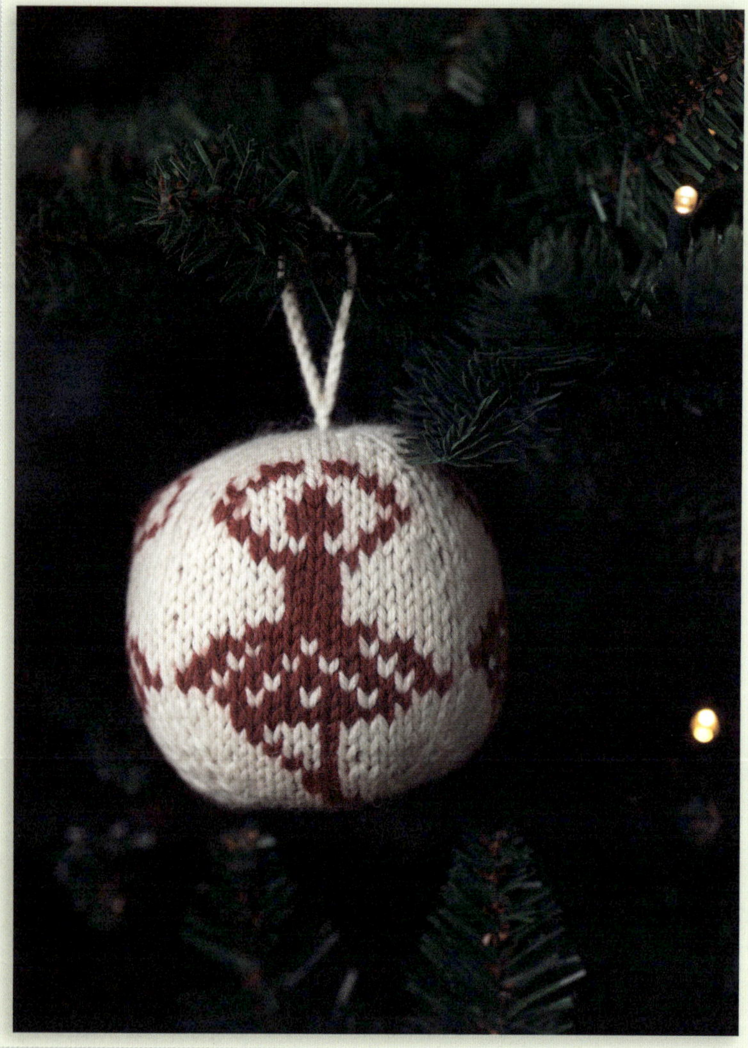

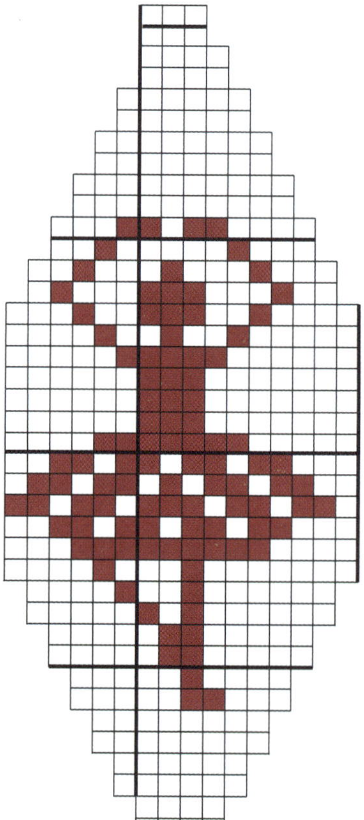

DER NUSSKNACKER

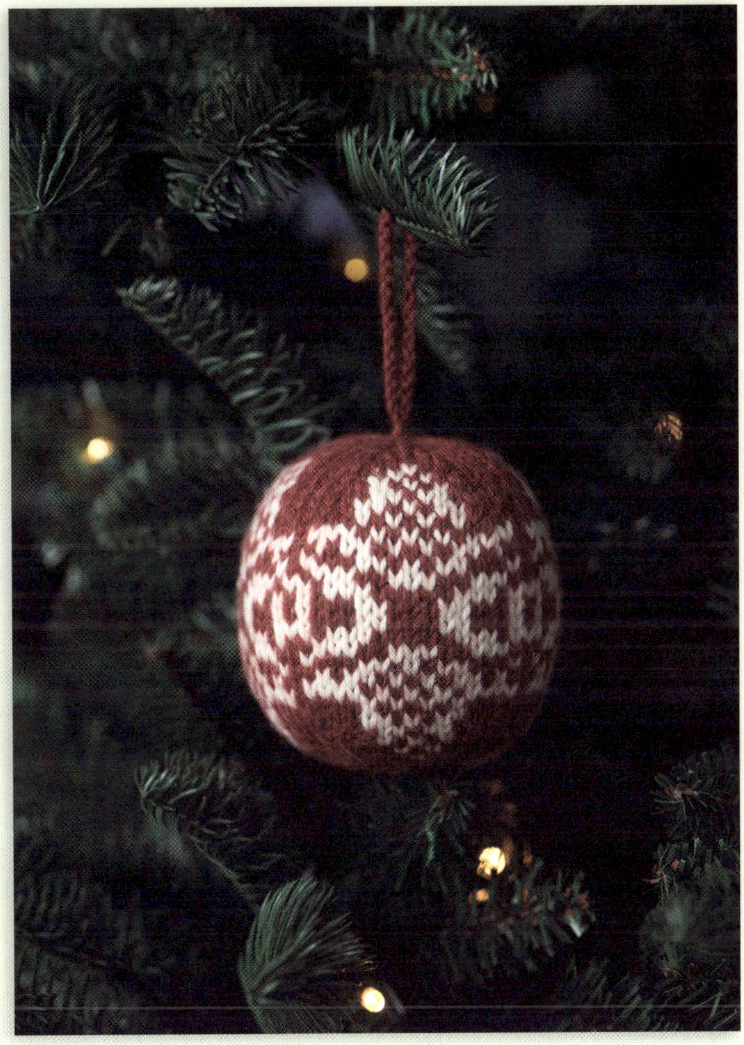

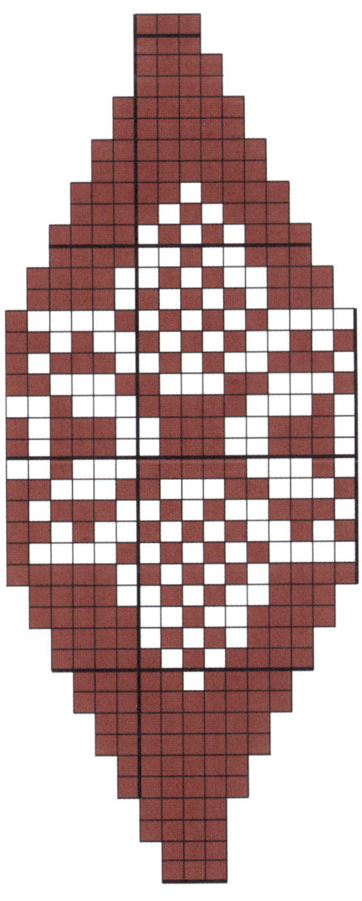

WEIHNACHTSENGEL

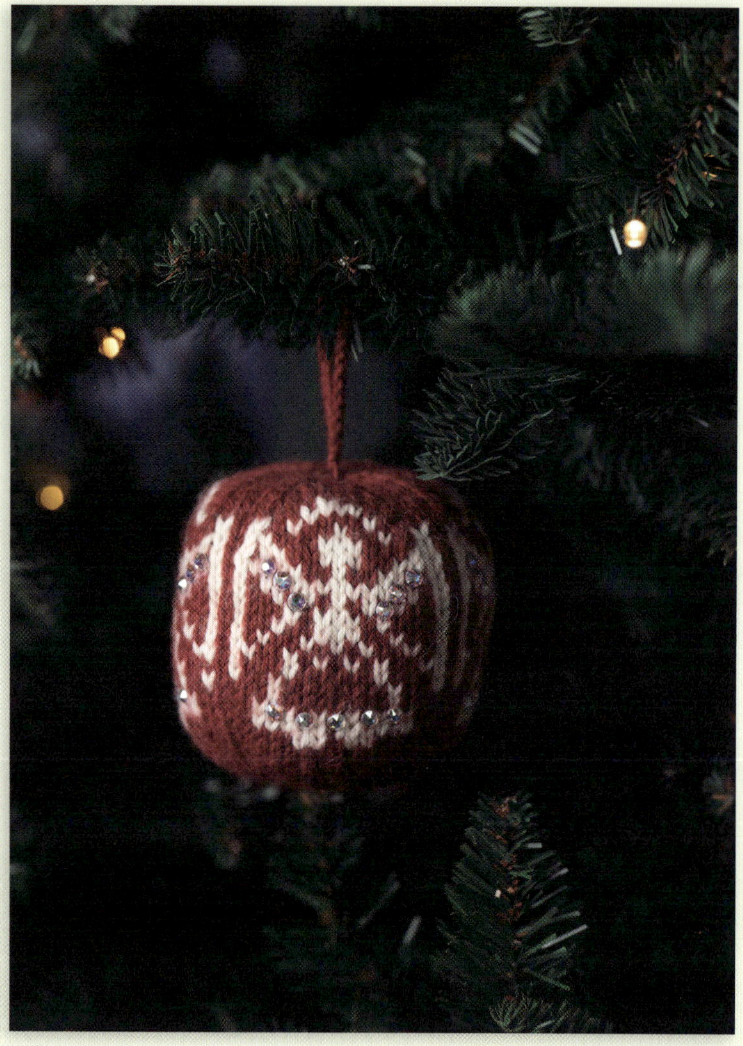

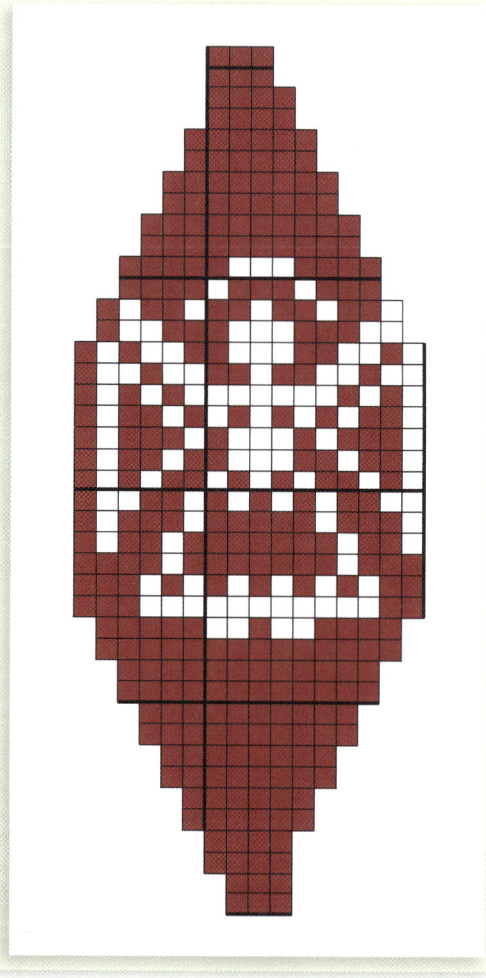

WEIHNACHTSGIRLANDE

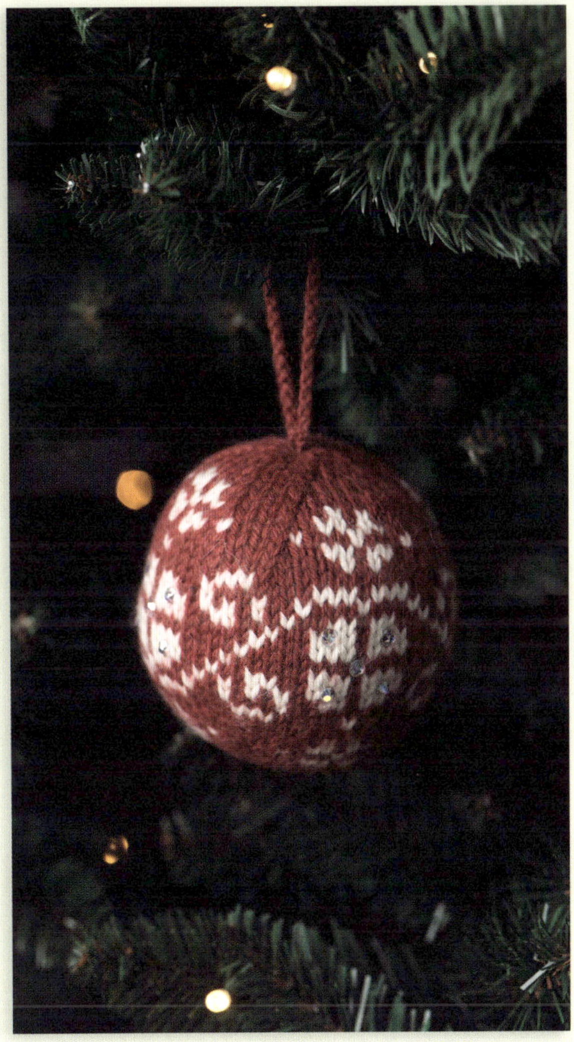

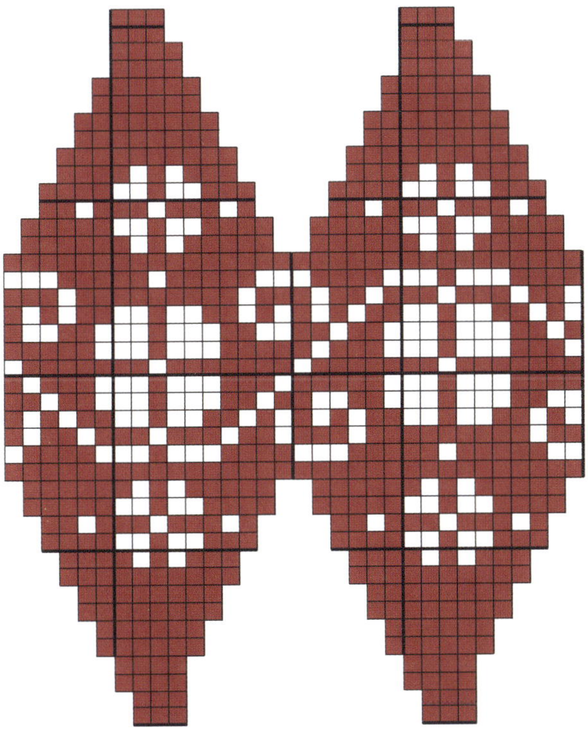

KERZE

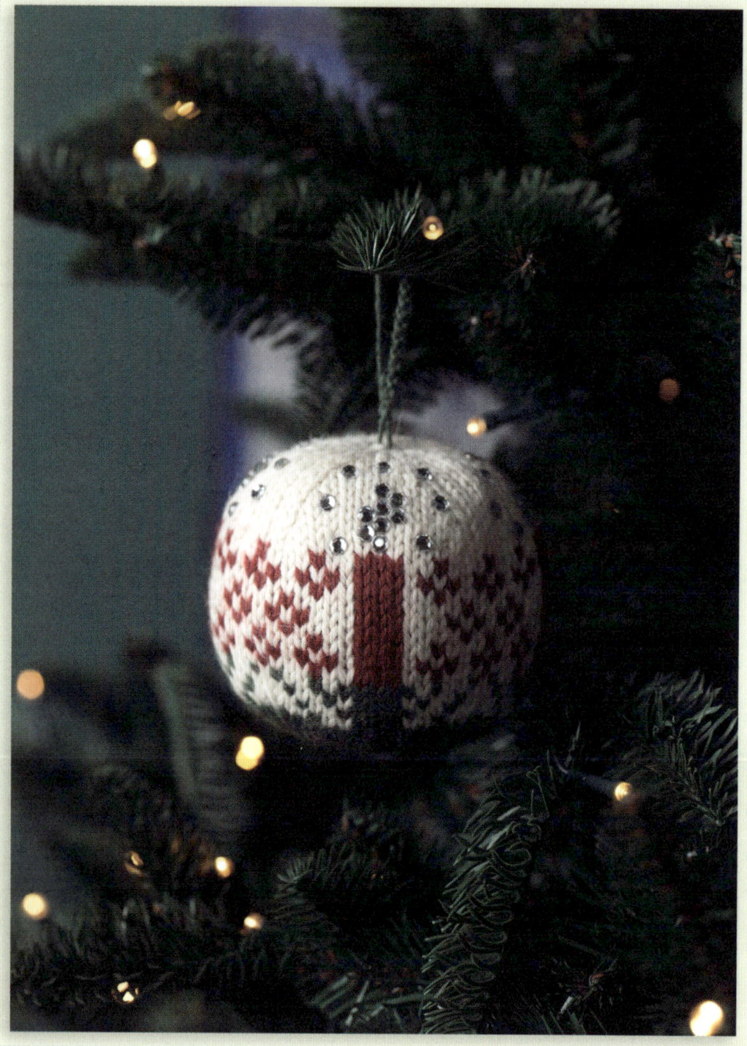

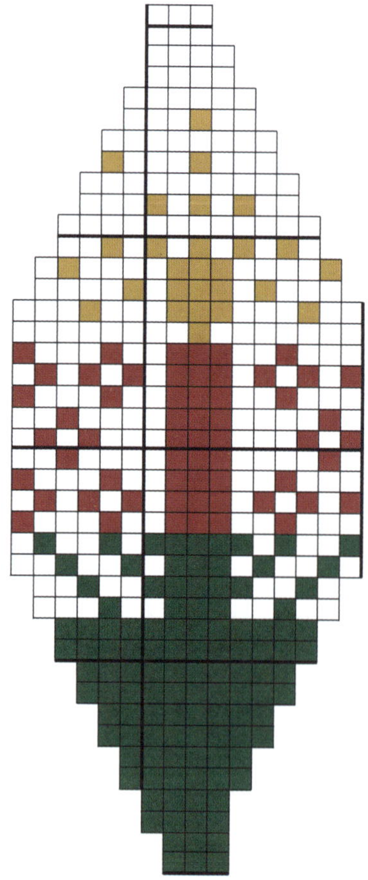

DORT, WO IM ZÄHLMUSTER GELB VERWENDET WIRD, KÖNNEN SIE AUCH GLAS- ODER STRASSSTEINE AUFKLEBEN.

PFEFFERMINZE

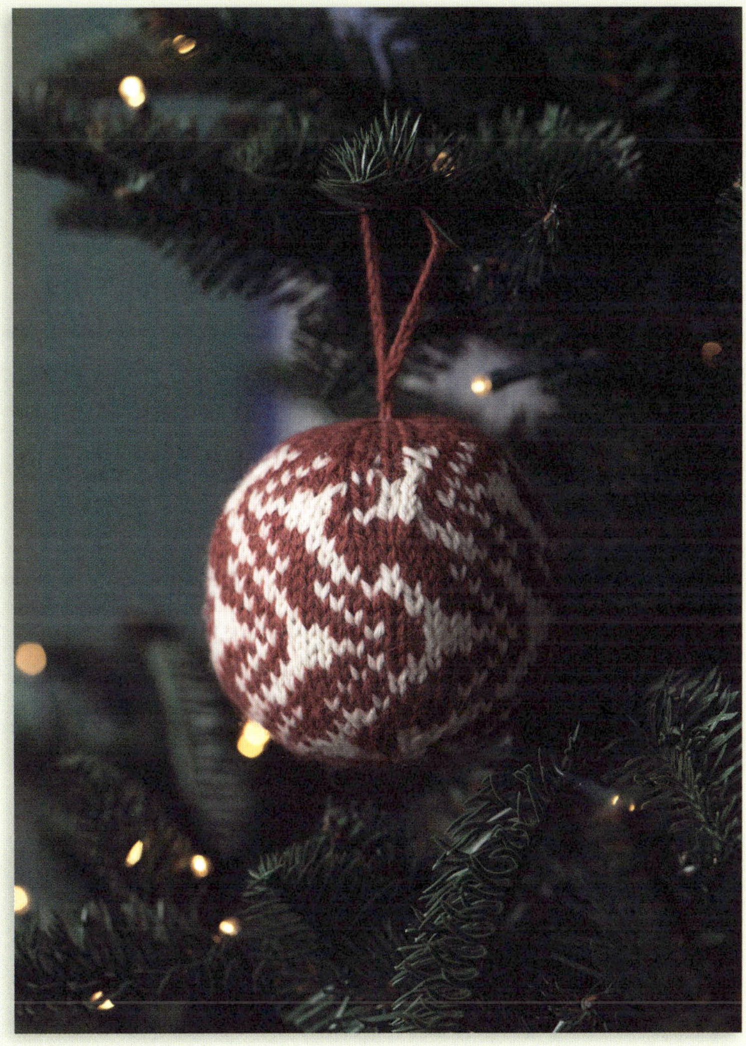

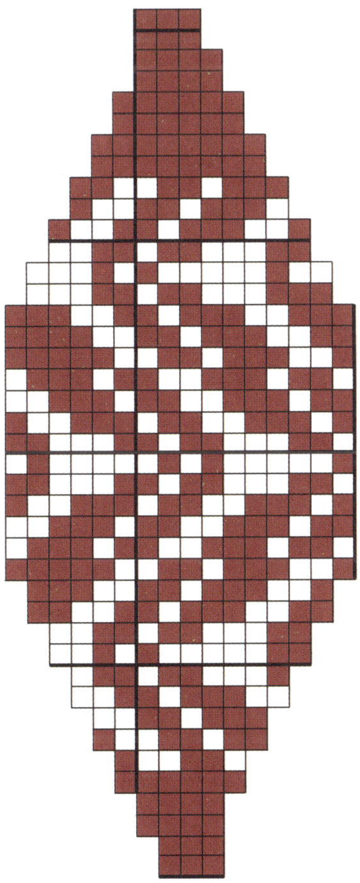

SCHMUCK

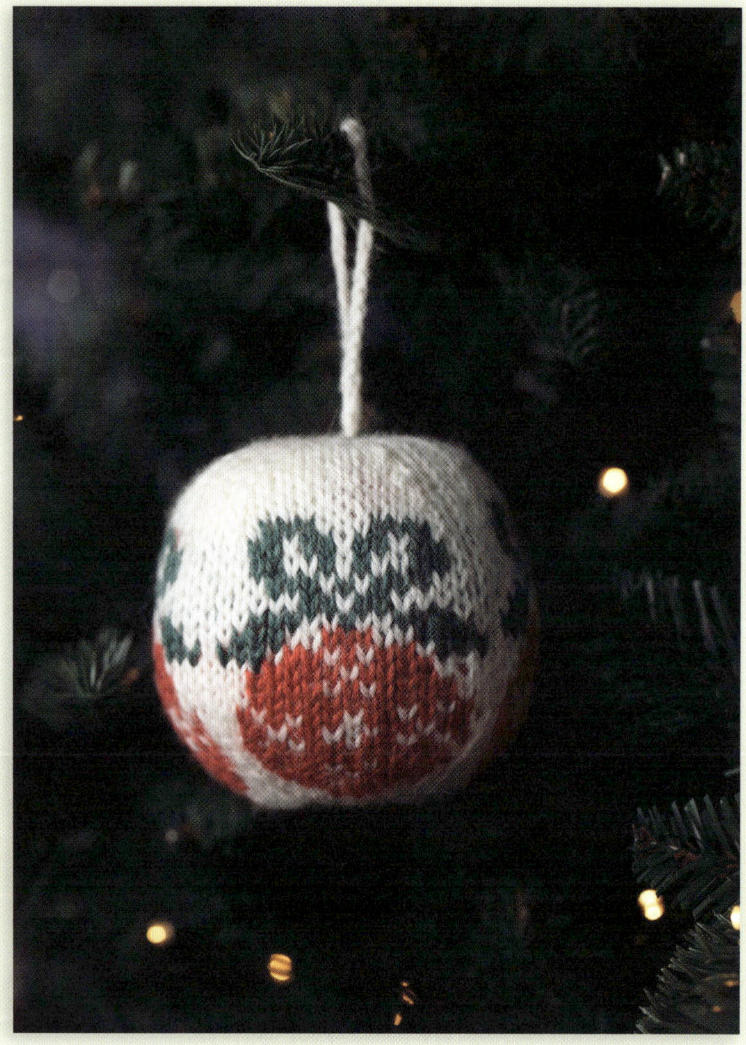

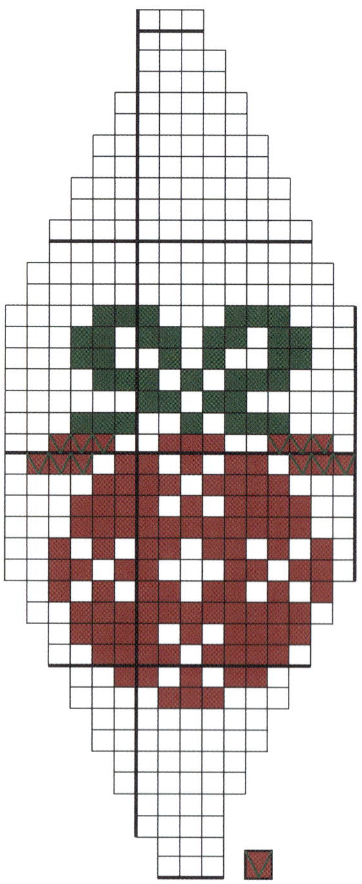

* In Rot gestrickt.
In Grün aufgestickt.

TANNENZAPFEN

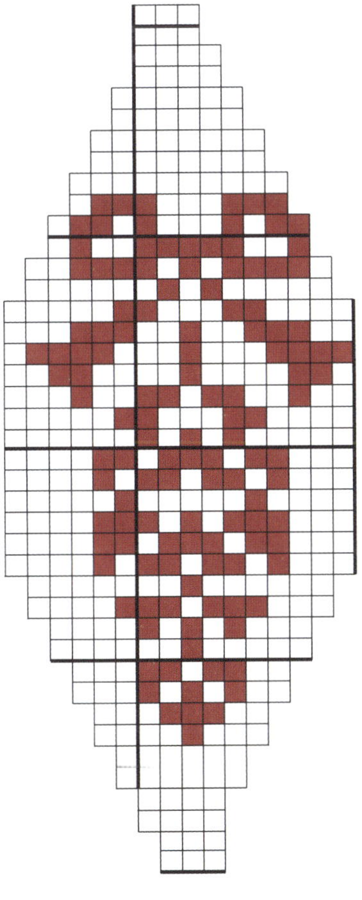

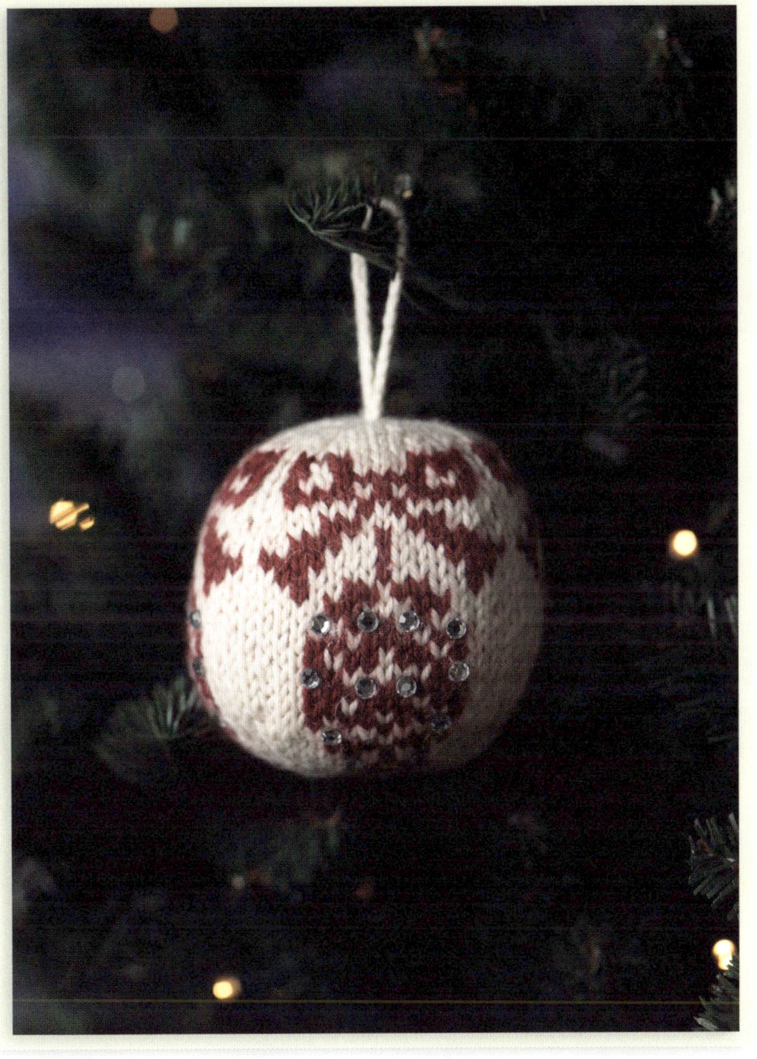

AUFGEKLEBTE GLAS- ODER STRASSSTEINE BRINGEN DIE WEIHNACHTSKUGEL ZUM GLITZERN.
MAN KÖNNTE MEINEN, ES LIEGE SCHNEE AUF DEN TANNENZAPFEN.

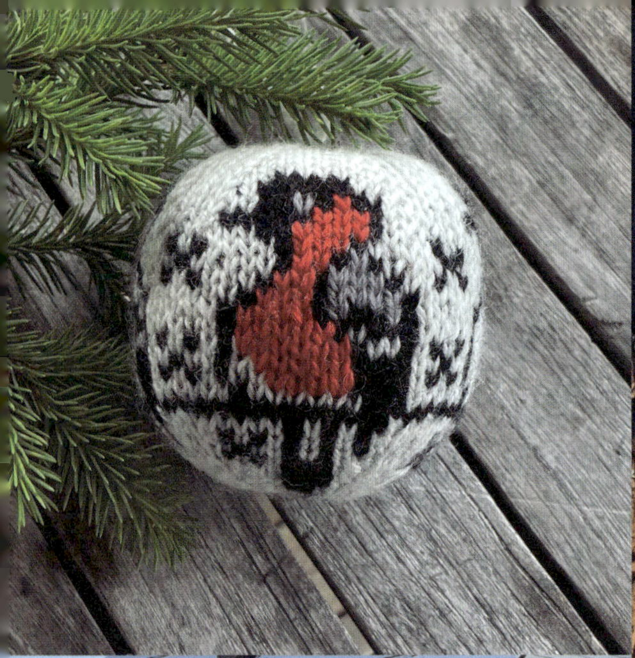
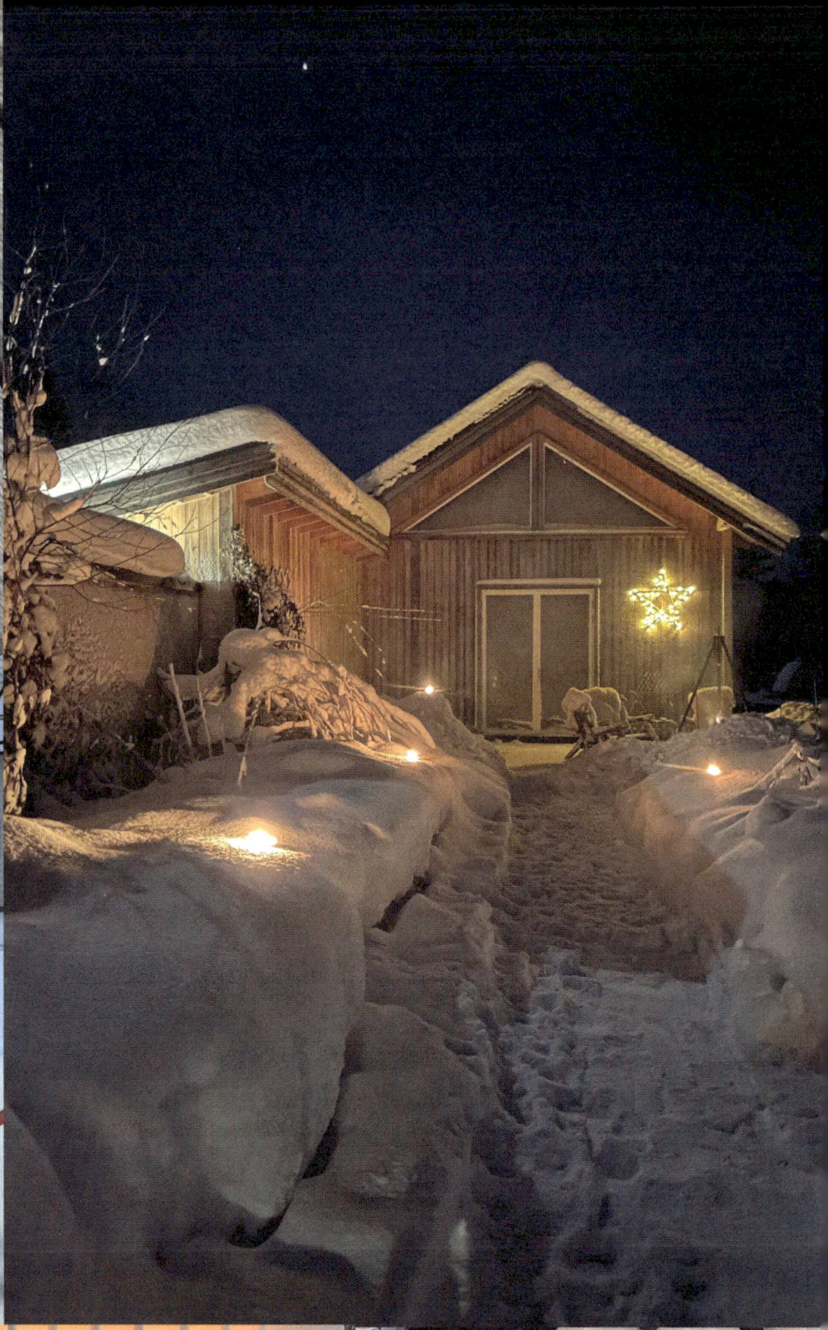
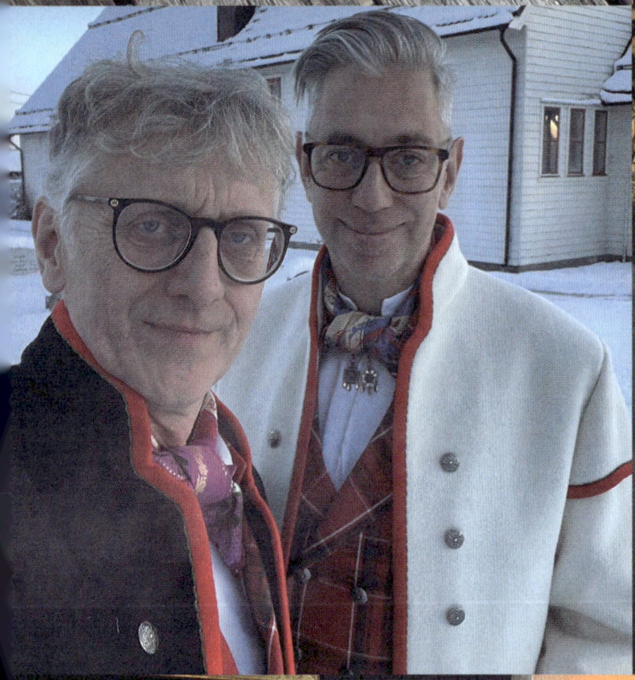
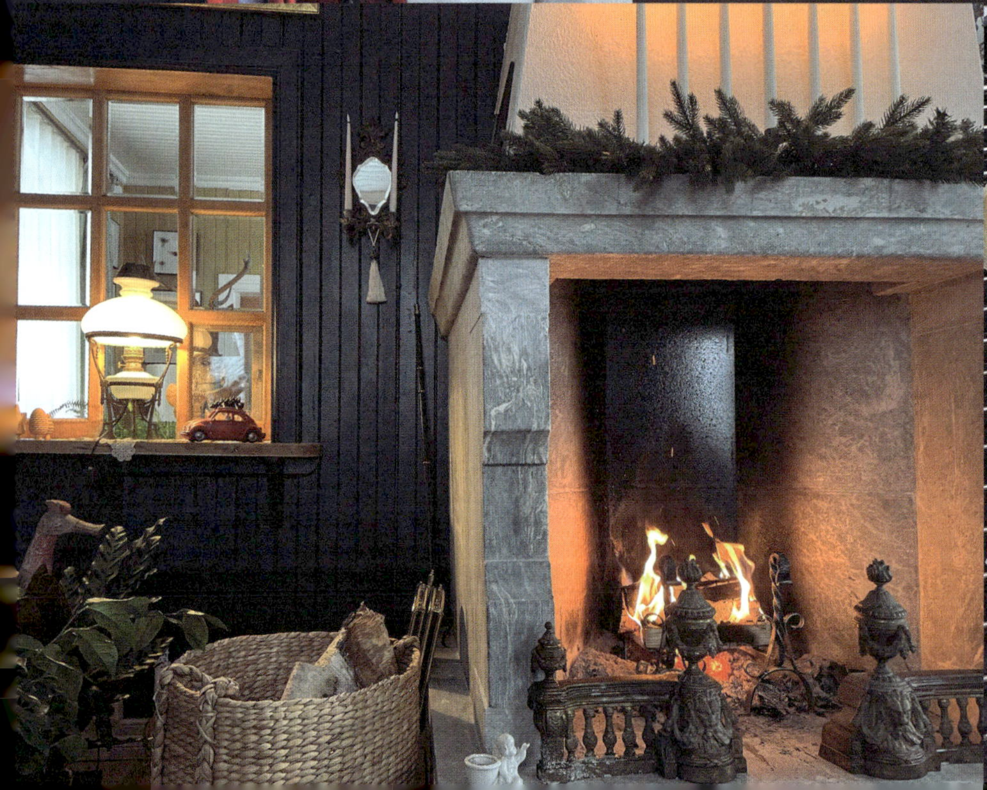
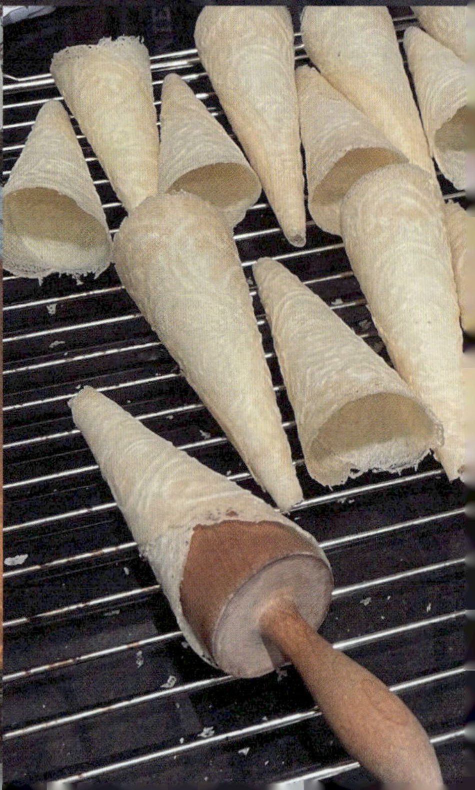

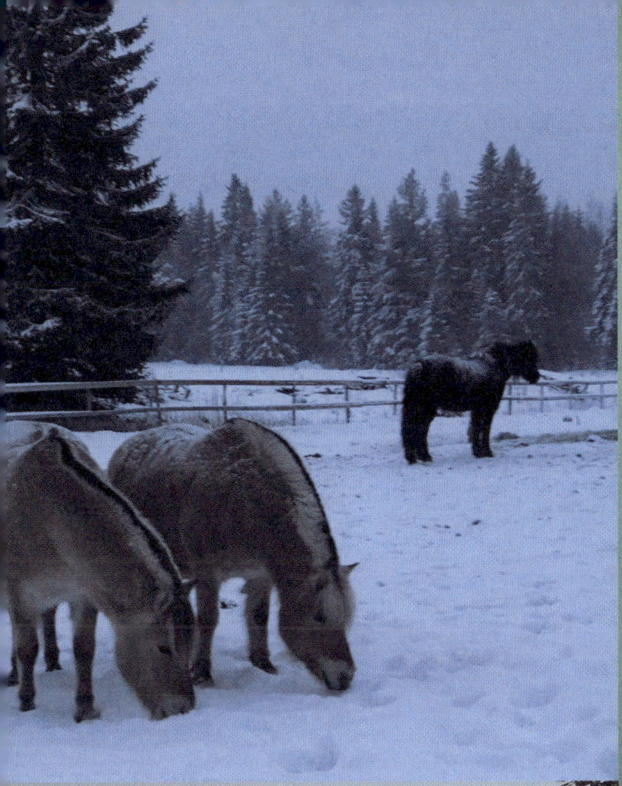

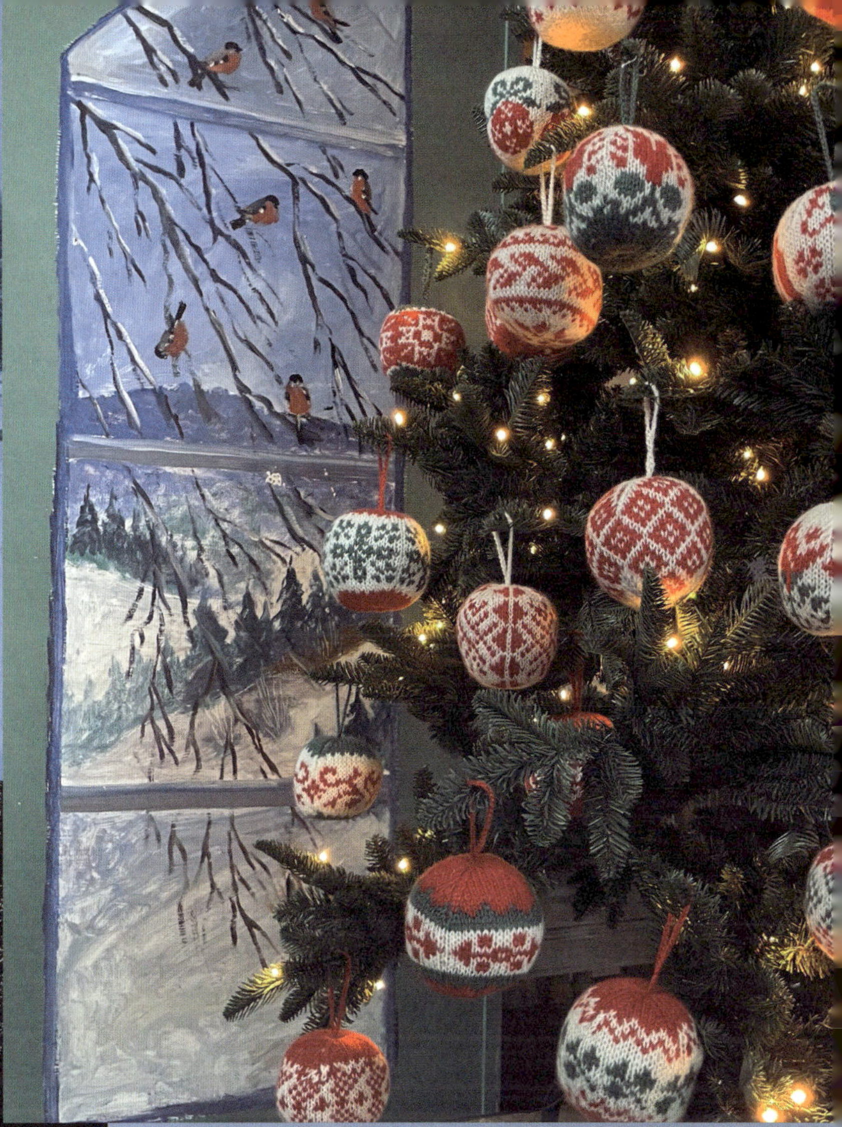

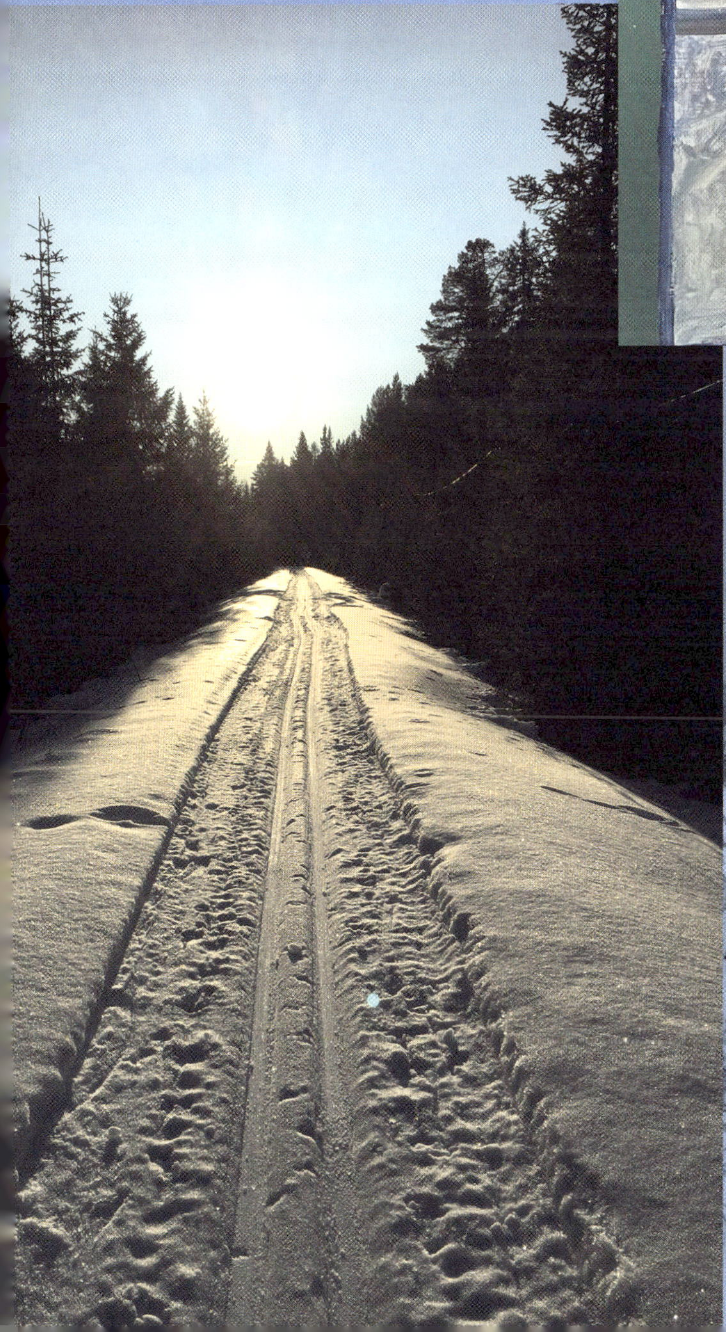

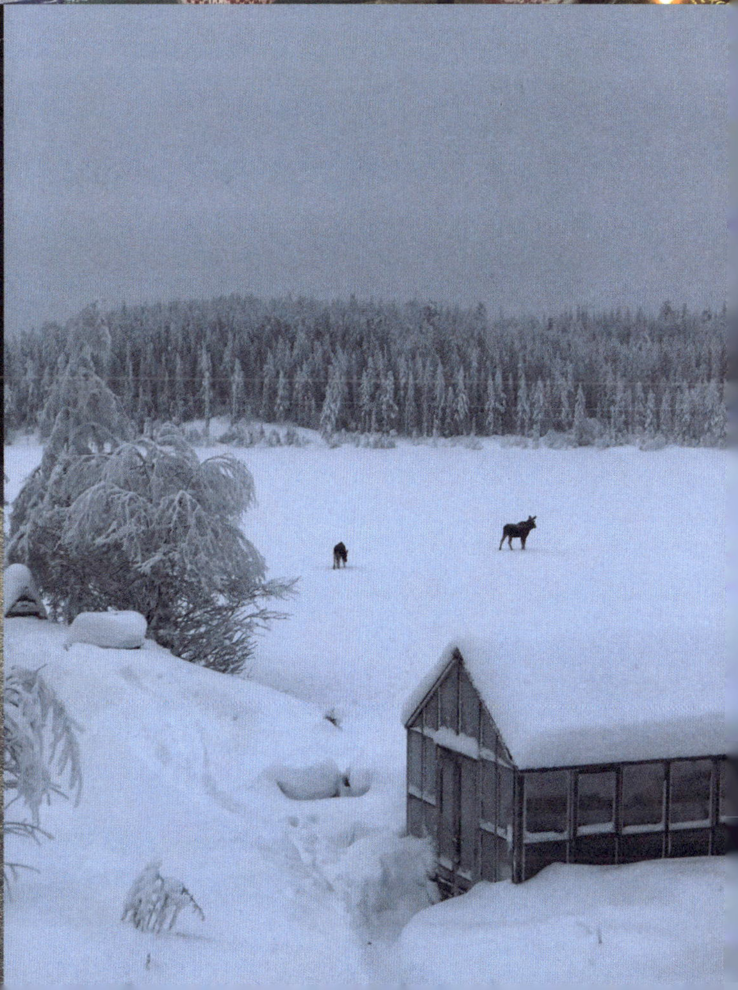

HOME FOR CHRISTMAS

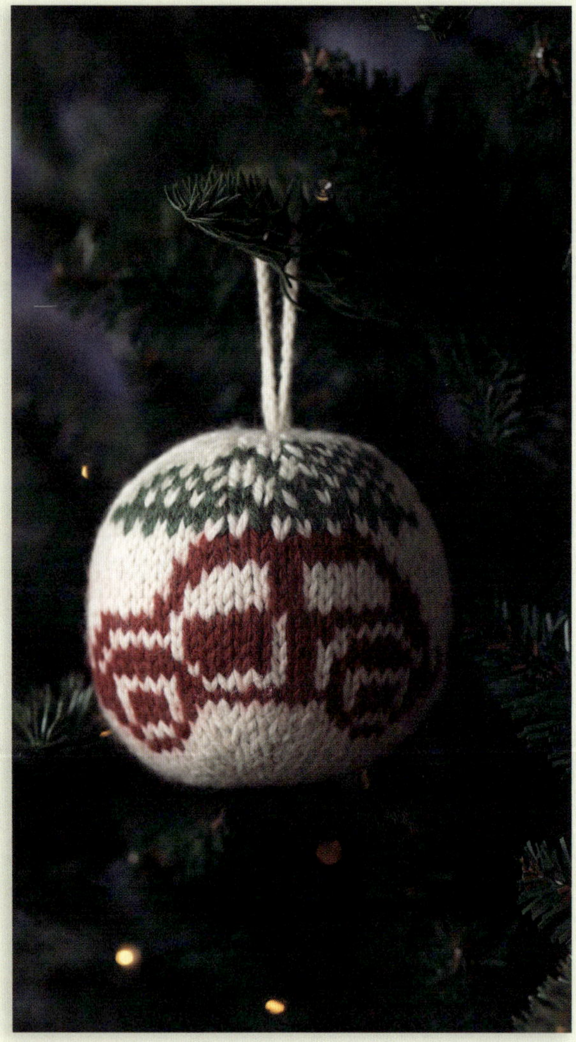

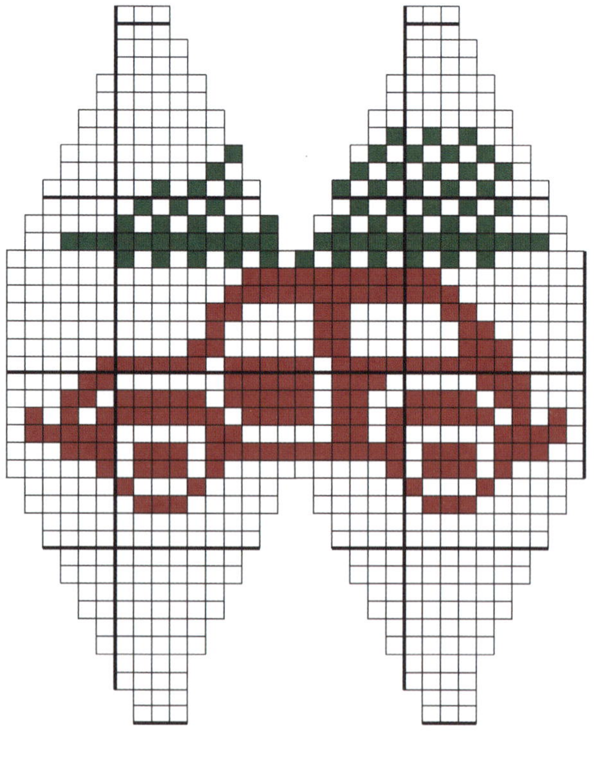

WEIHNACHTSGIRLANDE

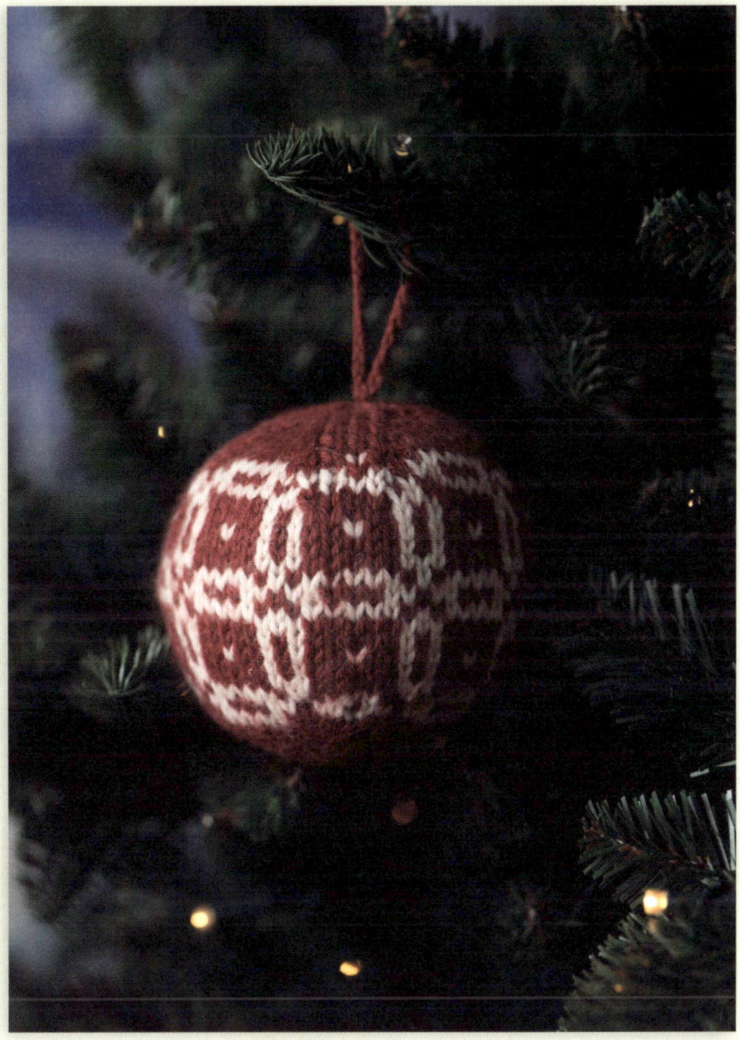

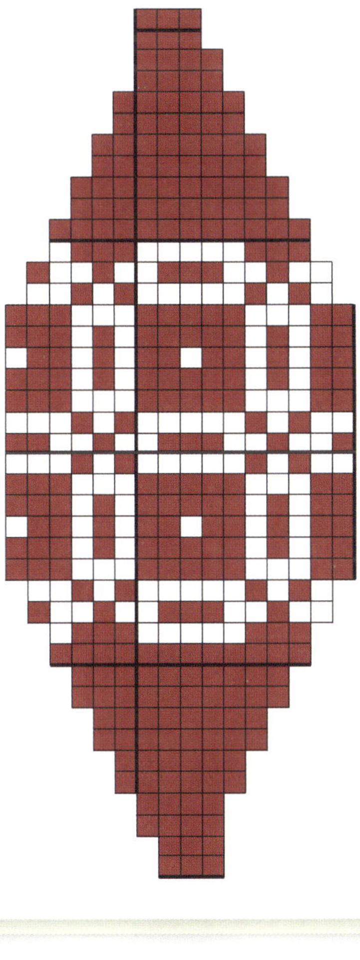

BESCHERUNG

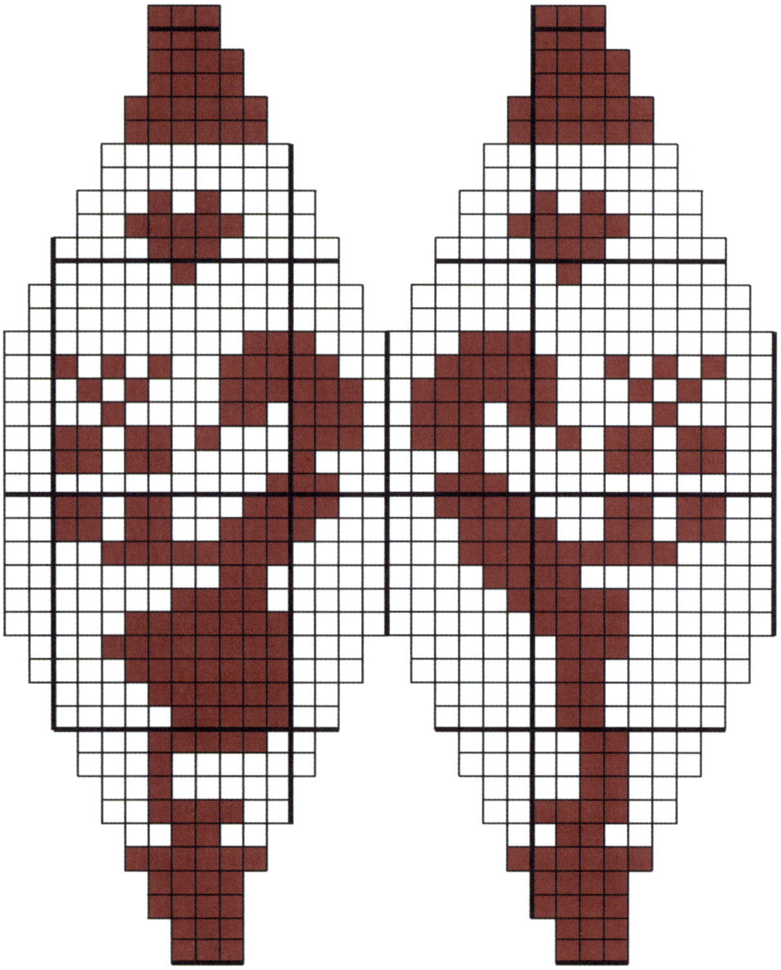

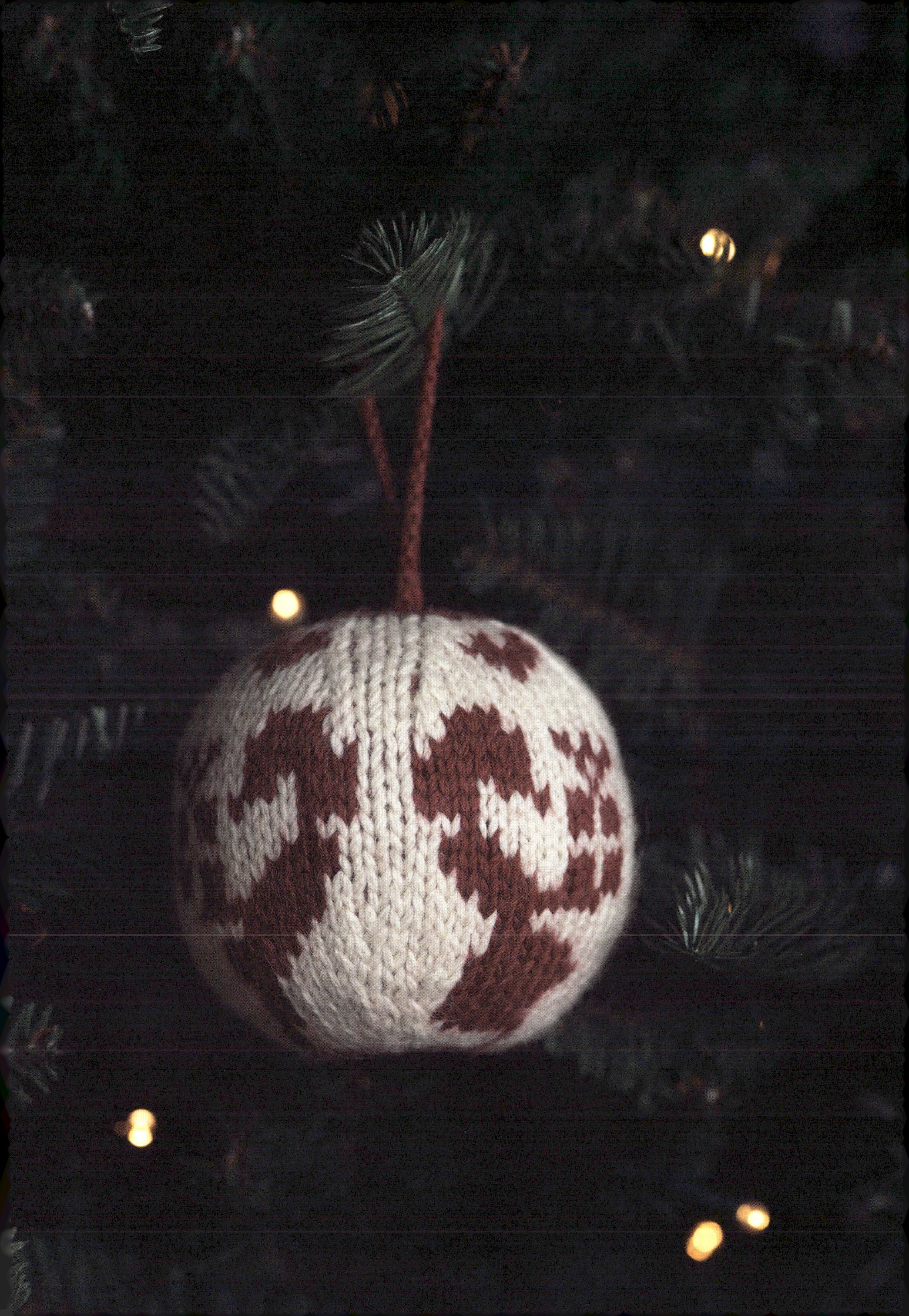

WEIHNACHTSHERZ

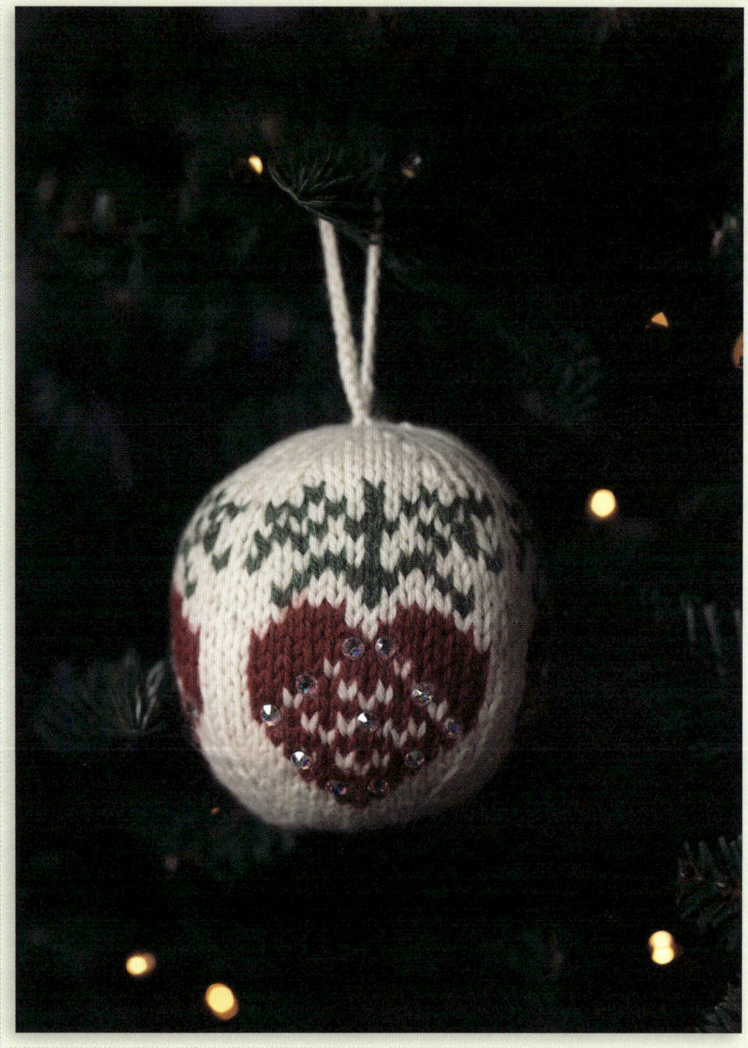

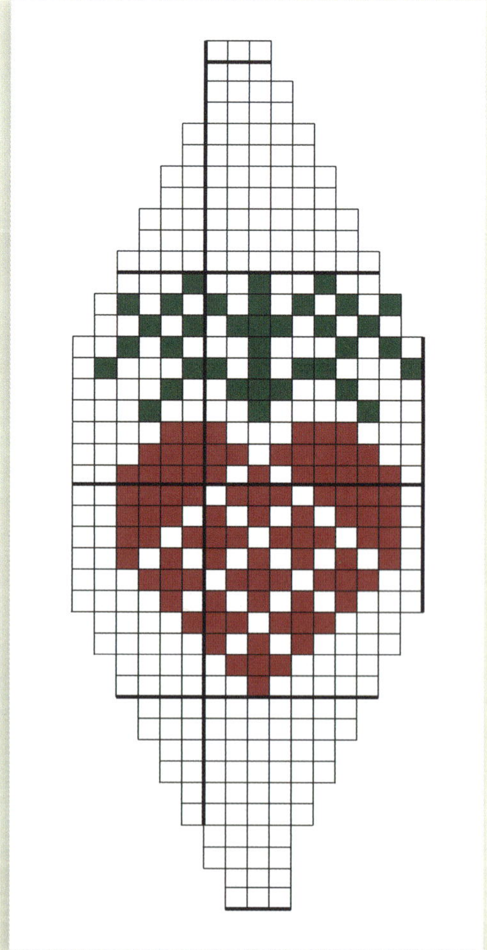

O, TANNENBAUM

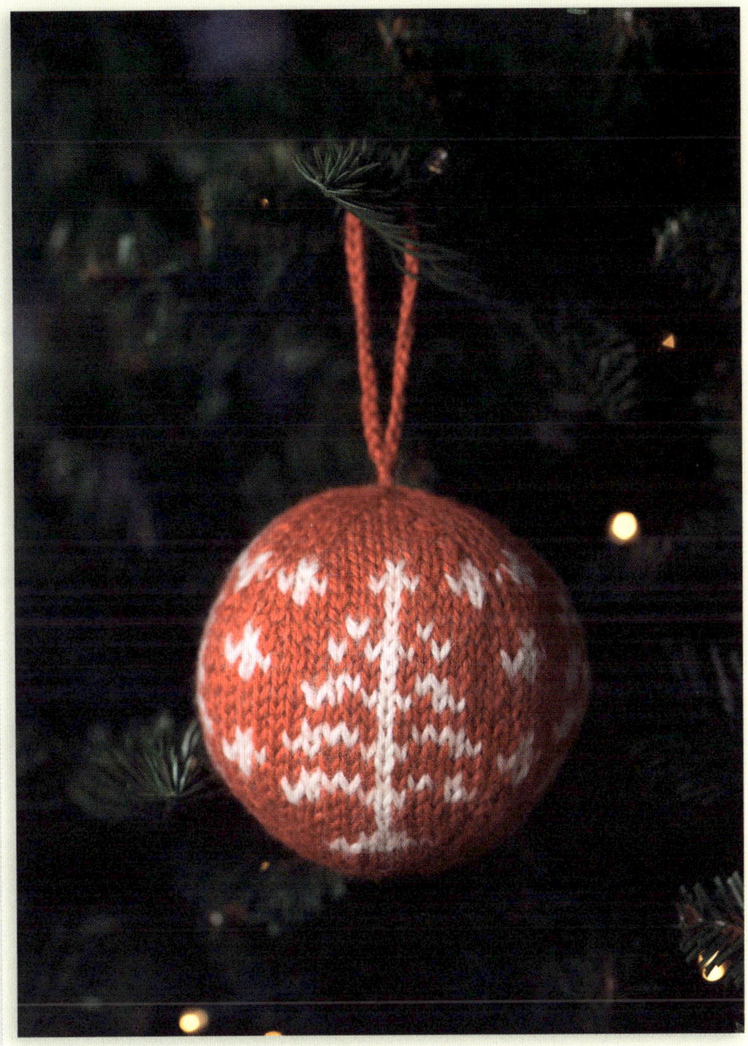

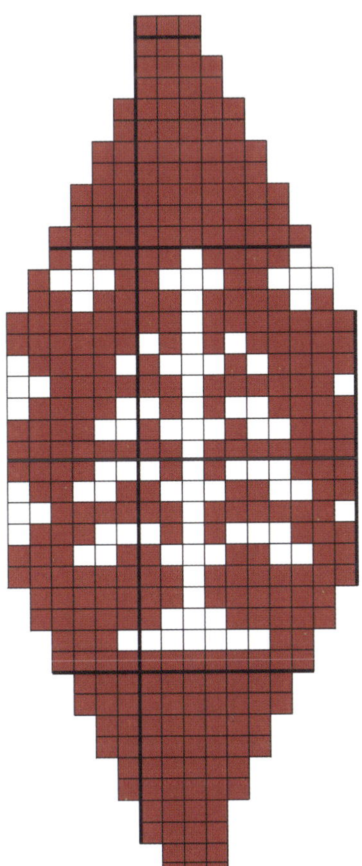

HEILIGABEND

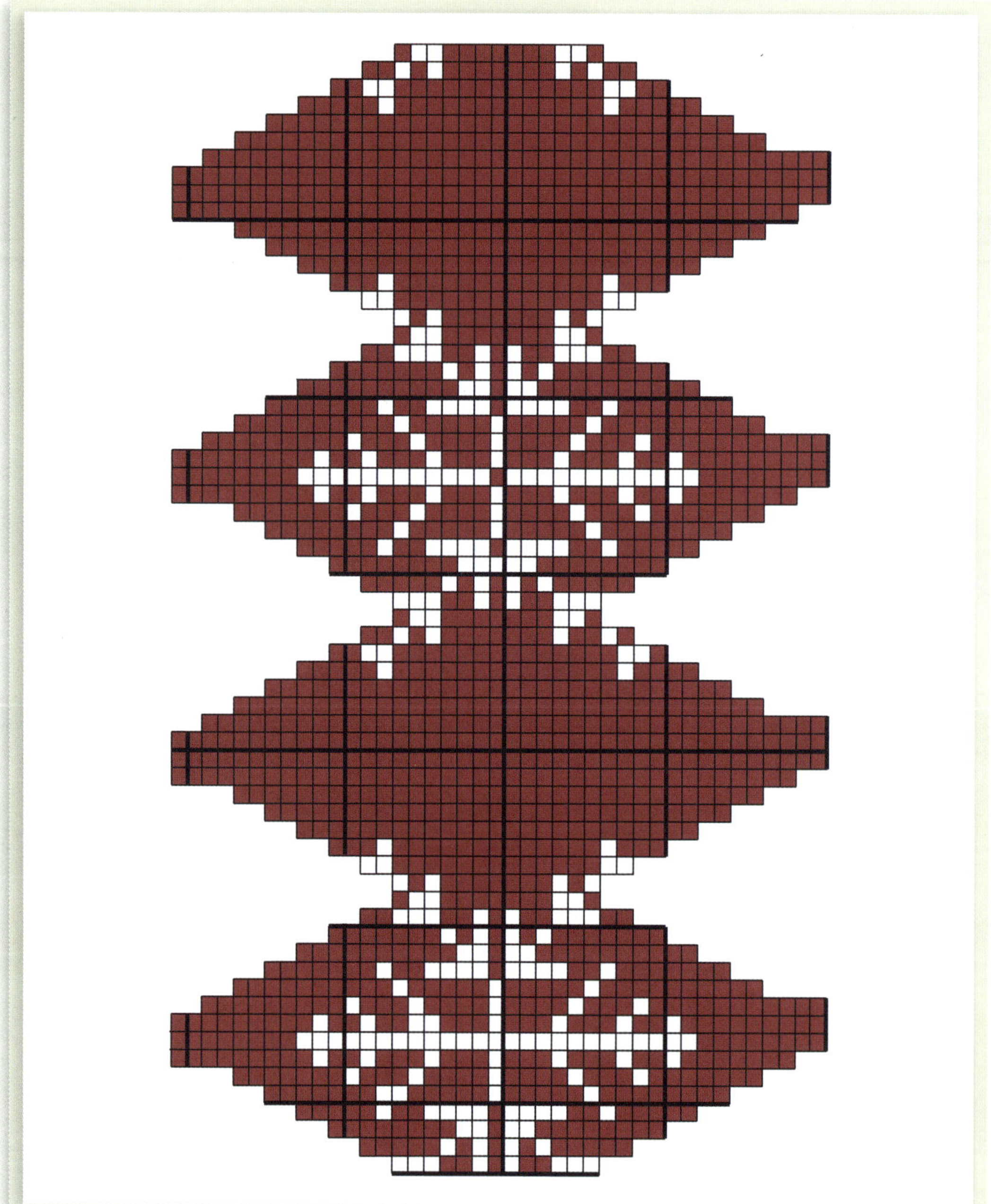

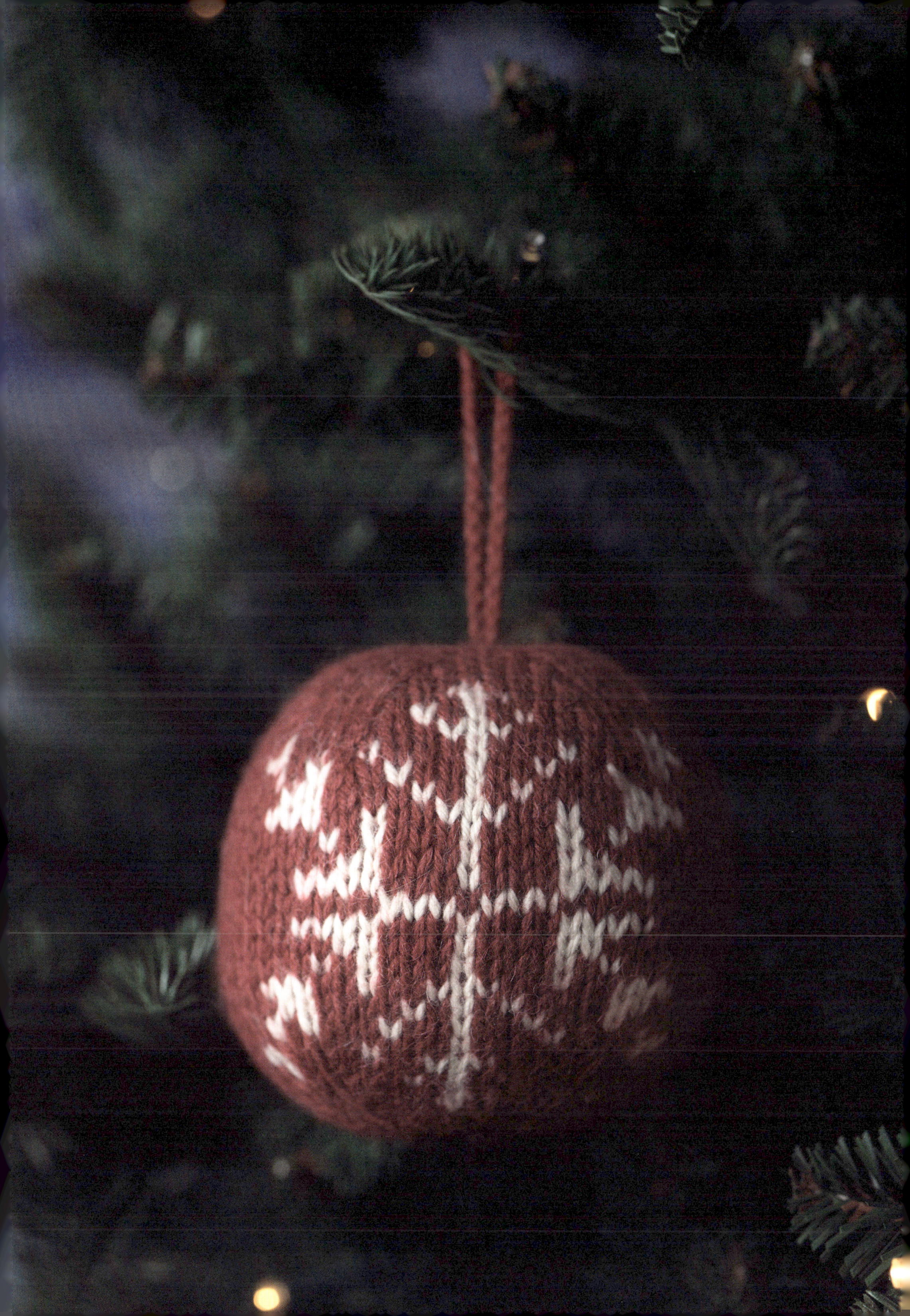

CHRISTROSE

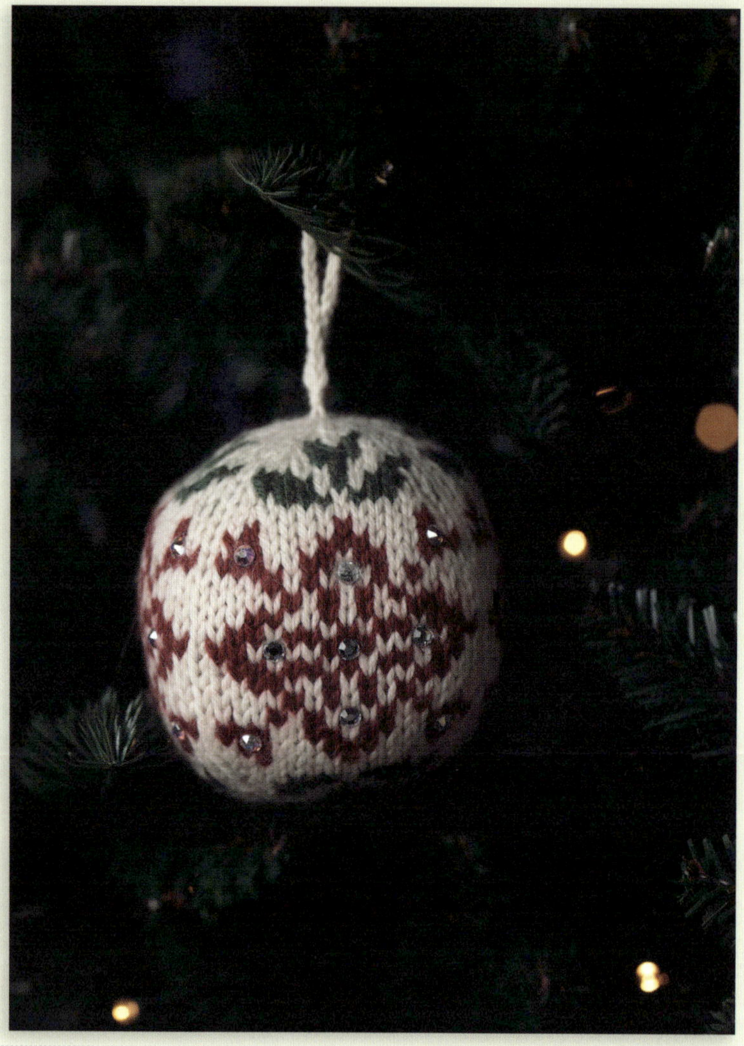

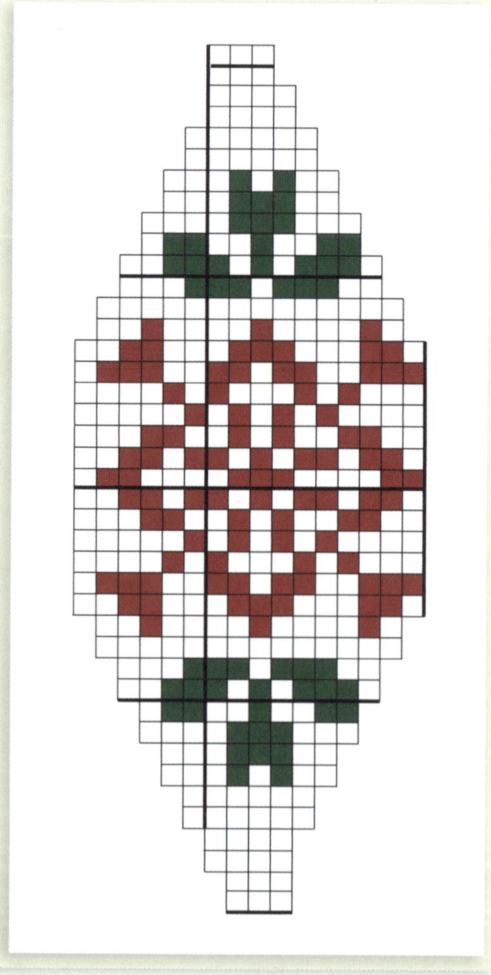

SIE KÖNNEN DIE KUGEL ZUSÄTZLICH MIT GLAS- ODER STRASSSTEINEN VERZIEREN.

GESCHENK

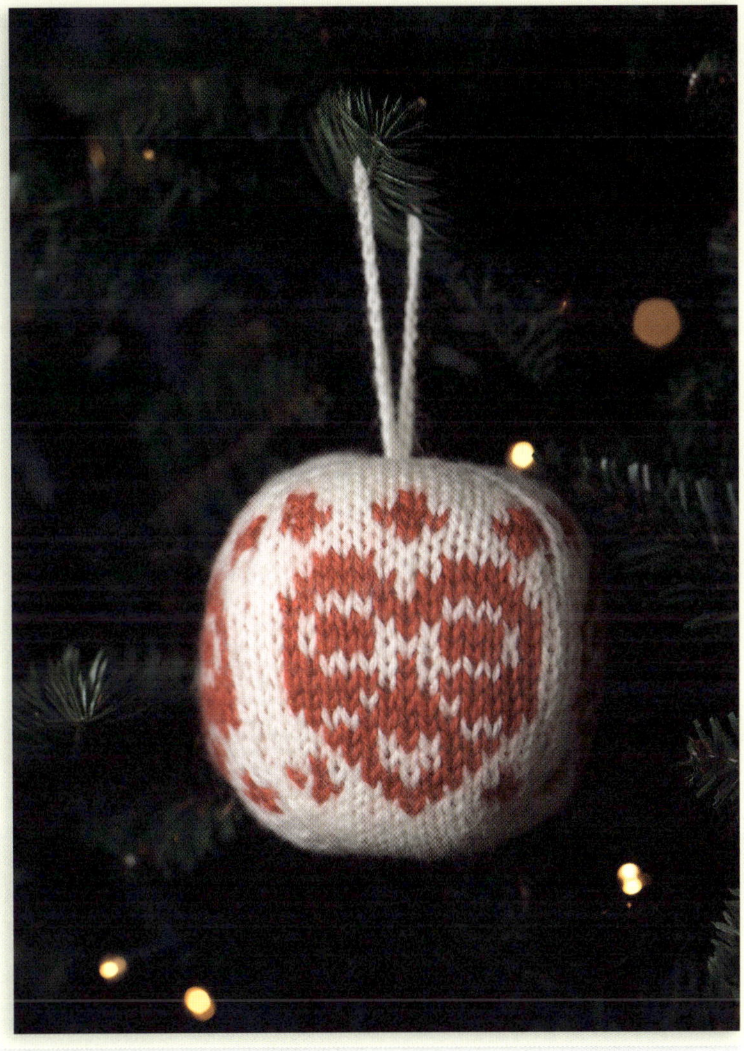

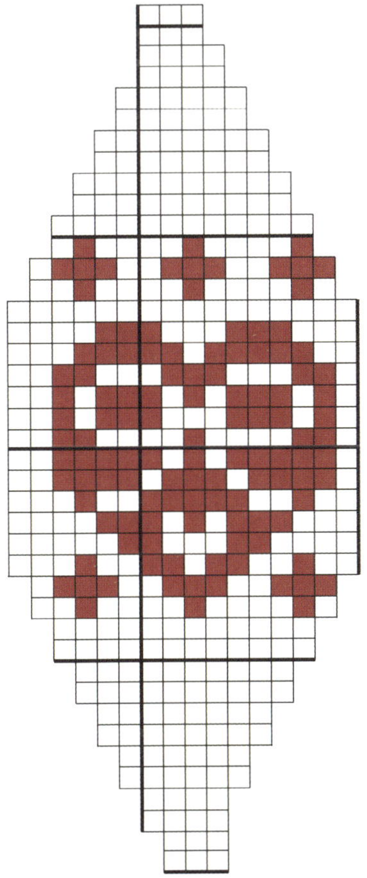

WEIHNACHTSKUGEL 63

AMOR

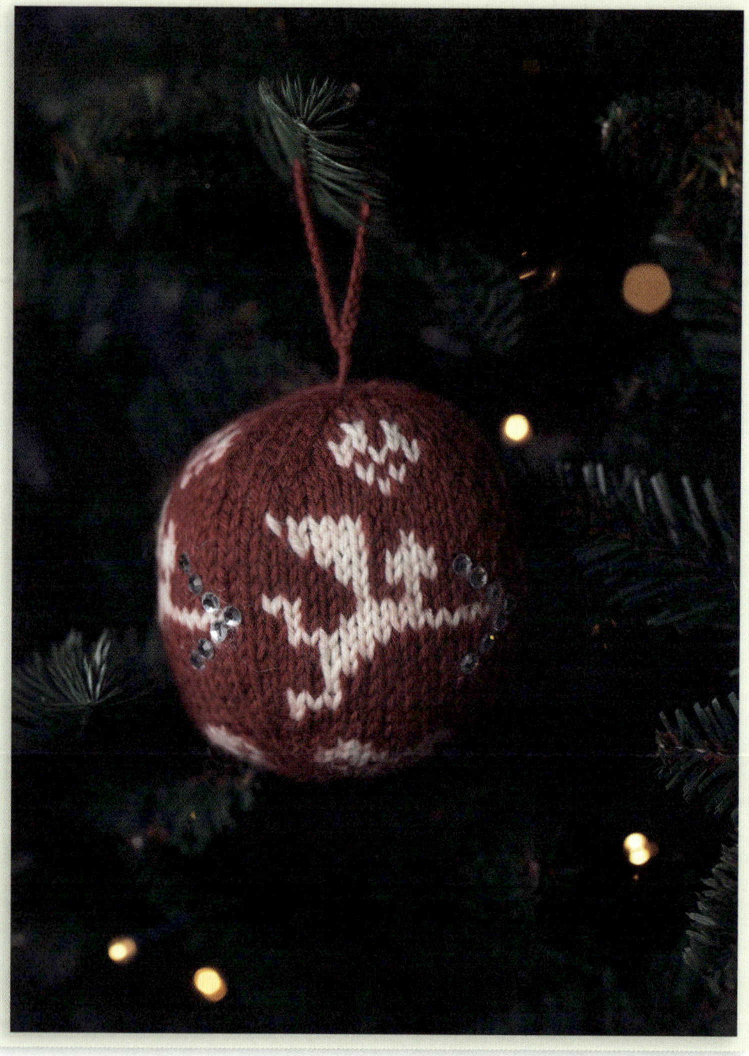

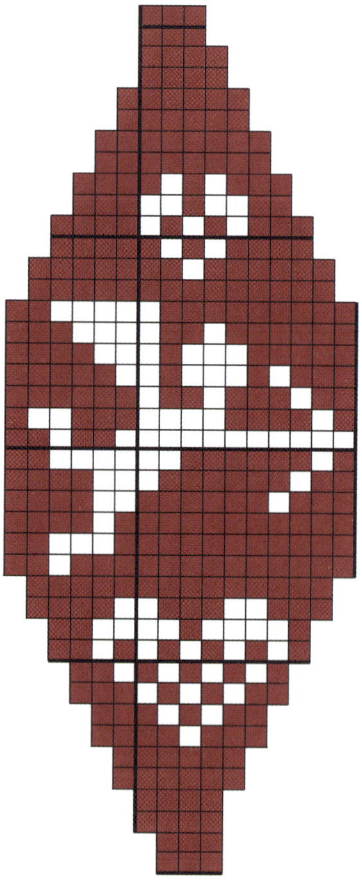

WEIHNACHTSLIEBE

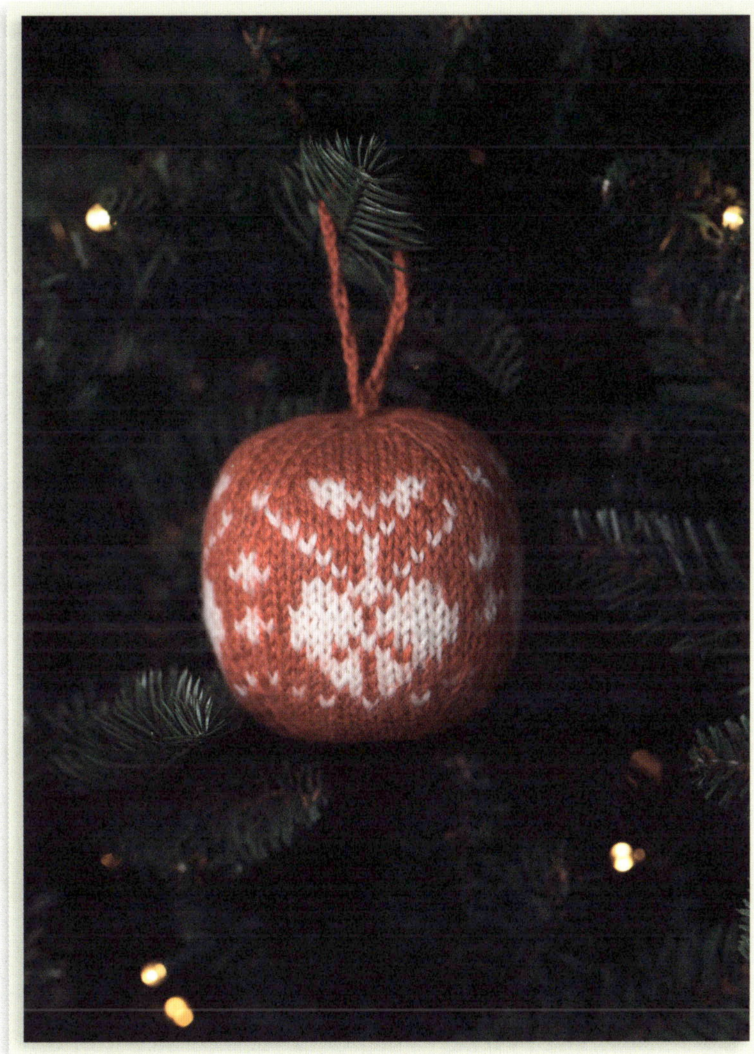

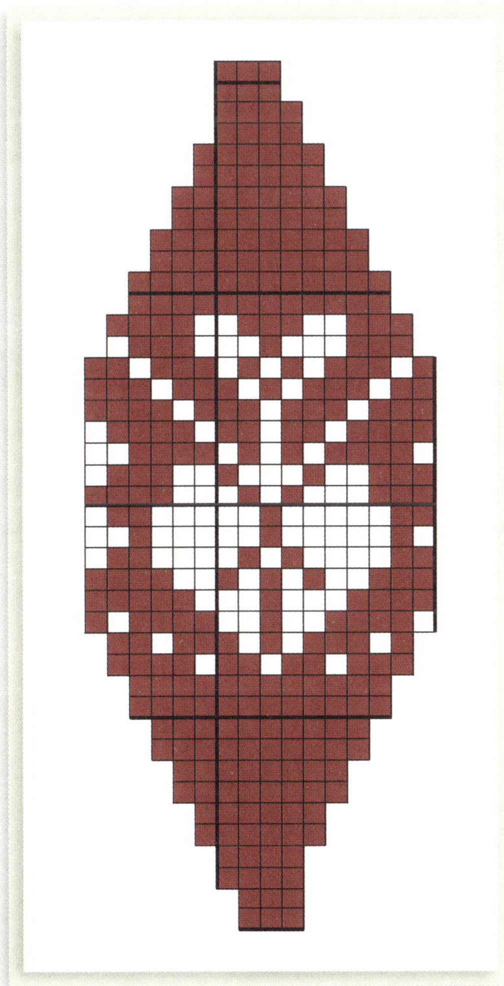

WEIHNACHTSELFEN

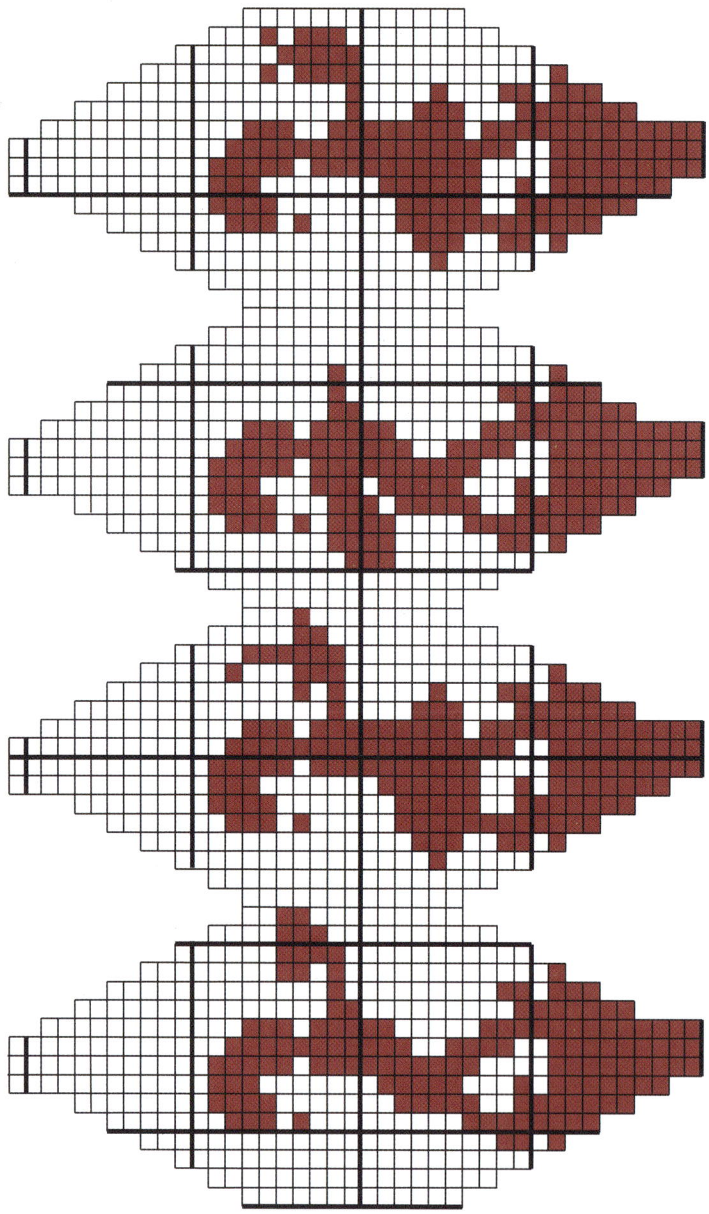

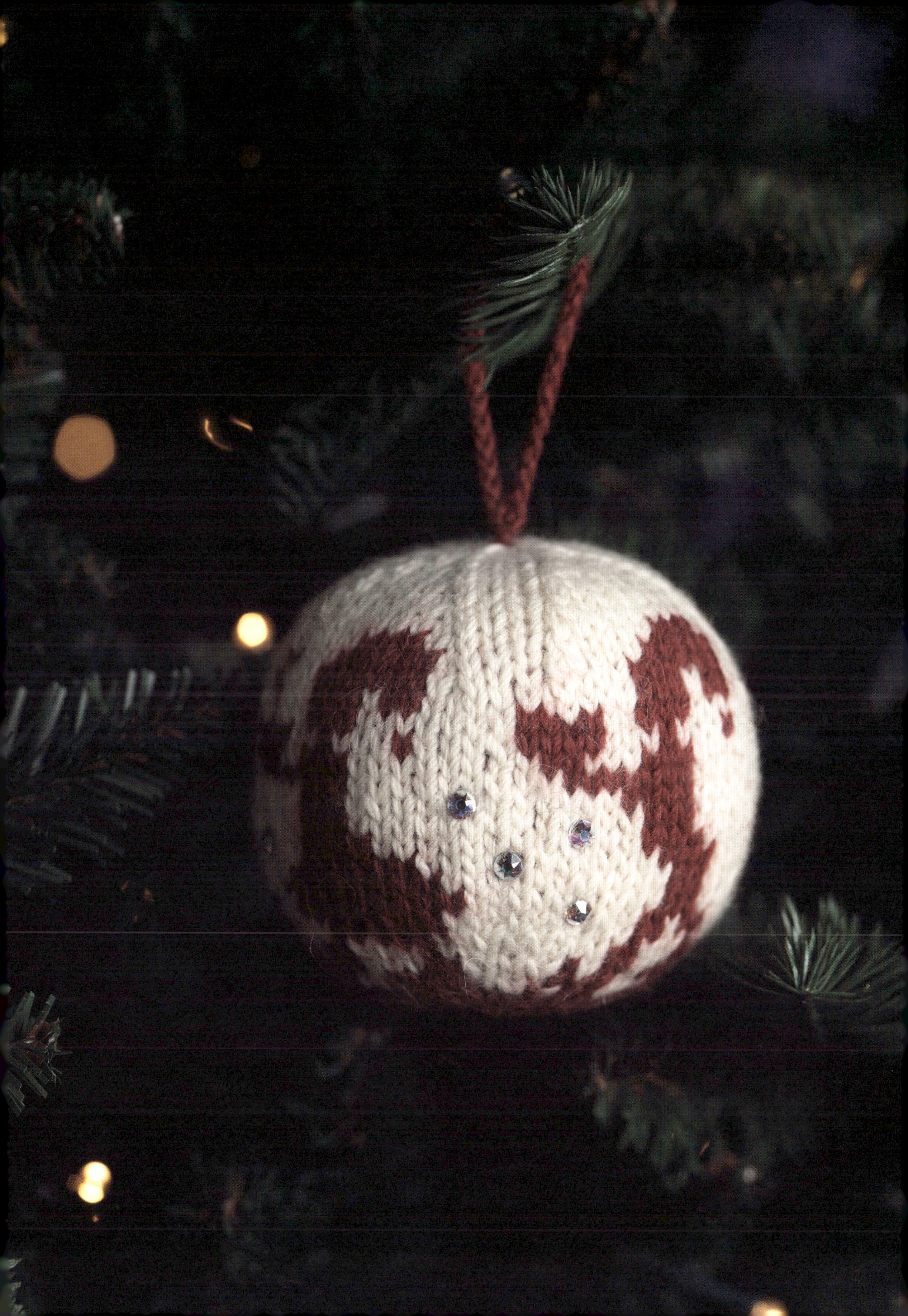

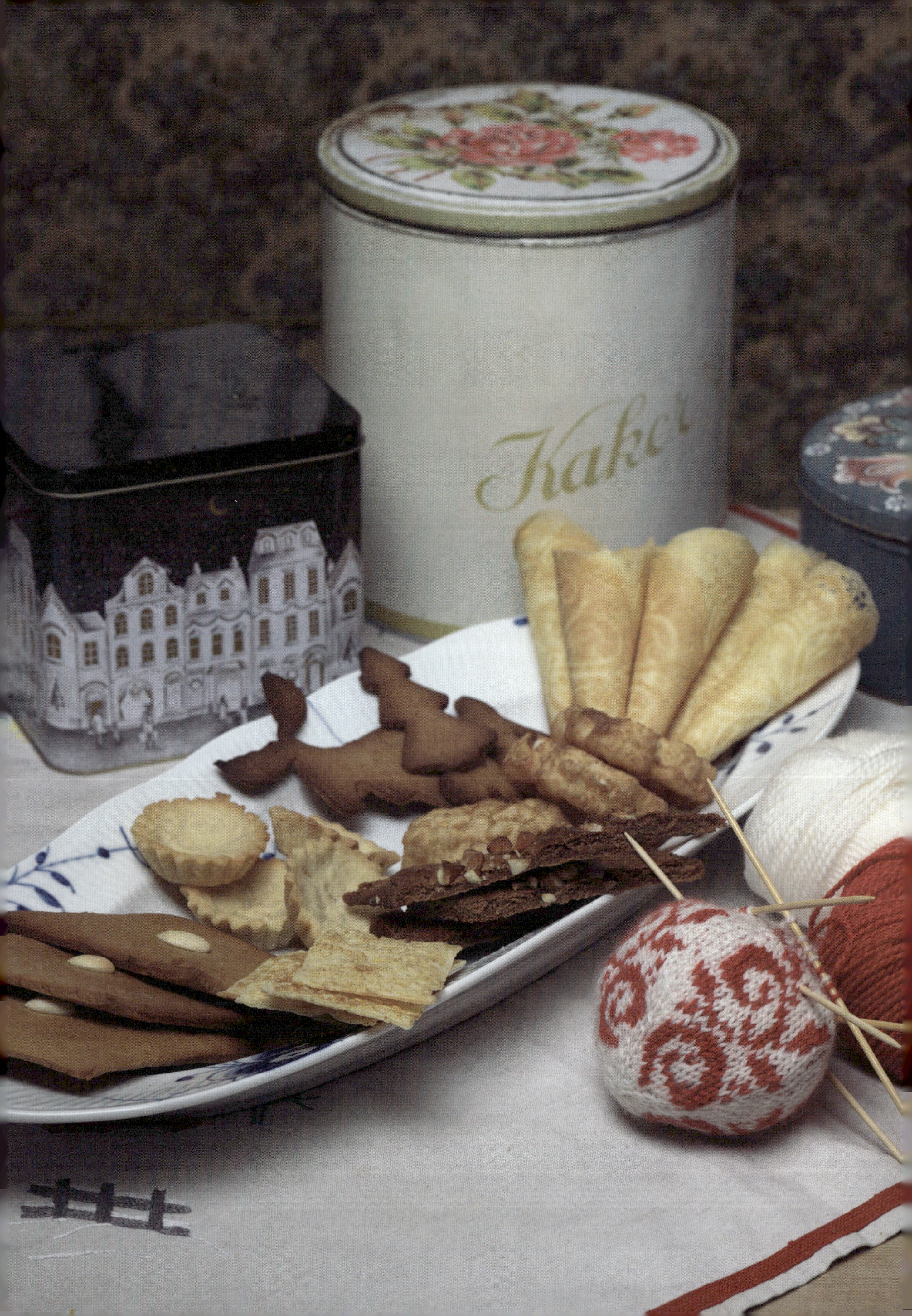
Kaker

JULEBAKST

Sieben Sorten Weihnachtsgebäck

DER DEZEMBER IST EINE GESCHÄFTIGE ZEIT MIT ALL DEN VORBEREITUNGEN FÜR DAS BEVORSTEHENDE WEIHNACHTSFEST. IN NORWEGISCHEN HAUSHALTEN IST ES TRADITION, SÄMTLICHE KEKSDOSEN MIT VERSCHIEDENEN GEBÄCKSORTEN ZU FÜLLEN, DIE DAS NEUE JAHR EINLÄUTEN.

Backen macht Spaß, und in vielen Familien ist es etwas, das Jung und Alt gemeinsam tun. Wir planen in unserem vollen Terminkalender immer Zeit ein, um im Dezember gemeinsam zu backen, was uns entspannt und in Weihnachtsstimmung versetzt. Nach norwegischer Tradition ist erst dann wirklich Weihnachten, wenn die Keksdose mit sieben verschiedenen Gebäcksorten gefüllt ist. Es sollten trockene Kekse sein, die lange haltbar sind und nicht alt werden, wenn man die Dose häufig öffnet.

Früher verwendete man zu Weihnachten teurere und hochwertigere Zutaten, und es war wichtig, von allem reichlich zu haben. So konnte man den Gästen, die während der Feiertage zu Besuch kamen, das allerbeste Gebäck servieren. Deshalb ist es wichtig, genügend Kekse für die Zeit vom 24. Dezember bis Anfang Januar zu backen.

Die Tradition sieben verschiedene Kekssorten zu backen begann vor 140 Jahren, als das erste norwegische Kochbuch veröffentlicht wurde. Darin hieß es, dass „alle norwegischen Hausfrauen, die etwas auf sich hielten, sieben verschiedene Gebäcksorten für Weihnachten backen"! Und das tun wir auch heute noch. Es müssen keine bestimmten Kekssorten für die Feiertage gebacken werden, und in unserer Küche findet sich stets eine riesige Auswahl an Keksen. Aber die meisten Norweger sind sich einig, dass Pepperkaker (Pfefferkuchen) und Krumkaker (norwegische Eiserkuchen) zu Weihnachten ein absolutes Muss sind. Abgesehen von diesen beiden Sorten kann man alles backen, was man möchte, und heutzutage geben viele Norweger ihrem Weihnachtsgebäck eine internationale Note, indem sie italienische Biscotti (Cantuccini) oder französische Madeleines hinzufügen. Sie müssen sich nicht auf sieben Kekssorten beschränken, Sie können so viele backen, wie Sie wollen. In vielen Haushalten ist es durchaus üblich, zehn oder mehr verschiedene Sorten zu backen, aber sieben sind das absolute Minimum. Hier sind die Rezepte für unsere sieben Lieblingskekse zu Weihnachten.

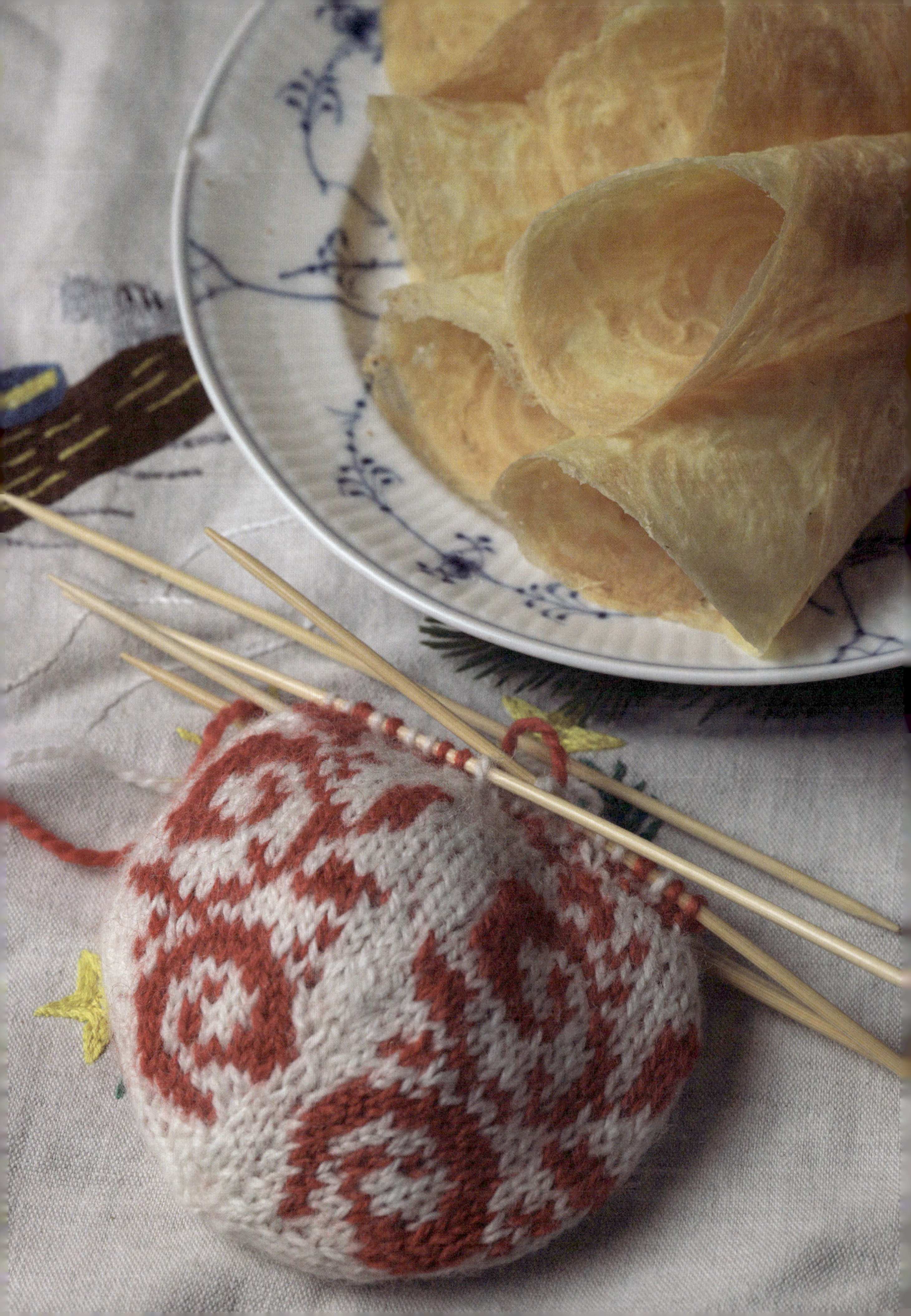

NORWEGISCHE EISERKUCHEN

KRUMKAKER

Rezept von Arnes Mutter

Die Eiserkuchen werden in Arne's Dialekt auch Skrull genannt. Sie werden nicht im Backofen, sondern mit einem speziellen Eiserkucheneisen gebacken. Dieses können Sie auch online kaufen. Der Teig sollte sehr dünnflüssig eingefüllt werden. Sobald die Eiserkuchen goldgelb sind, nimmt man sie heraus und rollt sie zu einem Kegel. Arne empfiehlt, für dieses Rezept eine altmodische Kaffeetasse als Messbecher zu verwenden.

ZUTATEN

1 Tasse Butter

4 Eier

1 Tasse Zucker

½ Tasse Mehl

½ Tasse Kartoffelstärke

1 EL Wasser

ZUBEREITUNG

Die Butter zerlassen und abkühlen lassen.

Eier und Zucker schaumig rühren.

Die zerlassene Butter unter die schaumige Eimasse rühren.

Mehl und Kartoffelstärke (durchgesiebt) hinzugeben. Das Wasser einrühren und weiterschlagen, bis der Teig eine seidige Konsistenz hat.

Anschließend 15 Minuten im Kühlschrank ruhen lassen.

Mit dem Eiserkucheneisen dünne Waffeln backen. Eventuell noch etwas Wasser unterrühren, falls der Teig zu dick wird.

Die Waffeln herausnehmen und zu Kegeln formen.

Die Eiserkuchen vollständig abkühlen lassen.

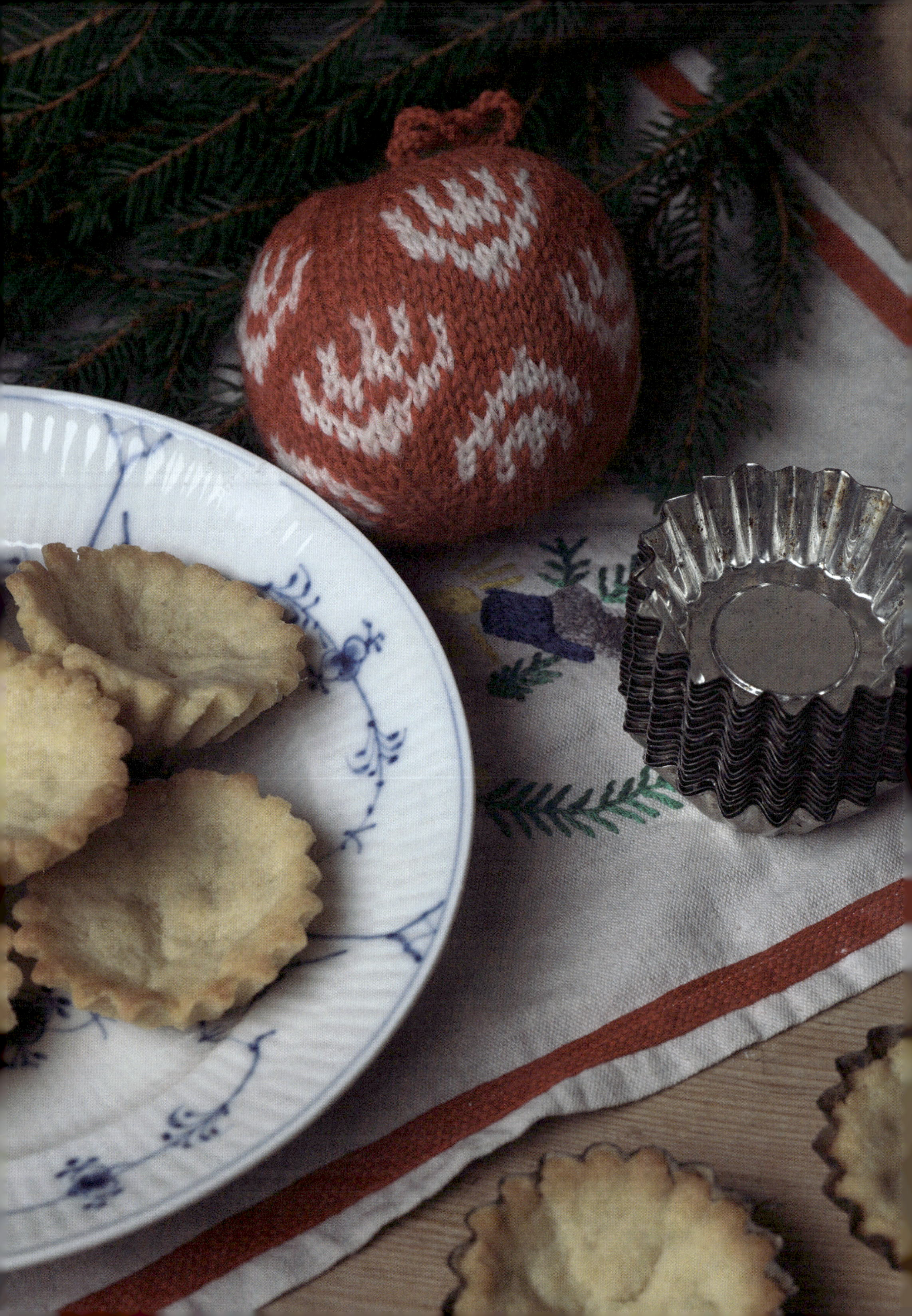

Daumenkekse

SANDKAKER

Wir nennen diese Kekse „Daumenkekse". Denn wenn man sie in die einzelnen Metallförmchen legt, wird der Teig mit den Daumen leicht angedrückt.

ZUTATEN

100 g Mandeln
250 g Mehl
200 g Butter
100 g Zucker
1 Ei

ZUBEREITUNG

Den Backofen auf 180 °C Umluft vorheizen.

Die Mandeln blanchieren, die Haut abziehen, und die Mandeln fein mahlen. Mit dem Mehl mischen.

Butter und Zucker schaumig schlagen. Das Ei hinzugeben. Die Mehl-Mandel-Mischung unterheben und alles zu einem festen Teig verarbeiten.

Den Teig für 15 Minuten in den Kühlschrank stellen.

Den Teig anschließend in 40 Stücke teilen und die Stücke in Backförmchen drücken. Falls nötig, die Backförmchen vorher einfetten.

Im vorgeheizten Backofen 10–12 Minuten backen.

Die Förmchen umdrehen, sobald sie aus dem Ofen kommen.

Wenn sie etwas abgekühlt sind, mit dem Finger leicht darauf klopfen und die Kekse aus den Formen lösen.

Auf dem Kuchengitter vollständig abkühlen lassen.

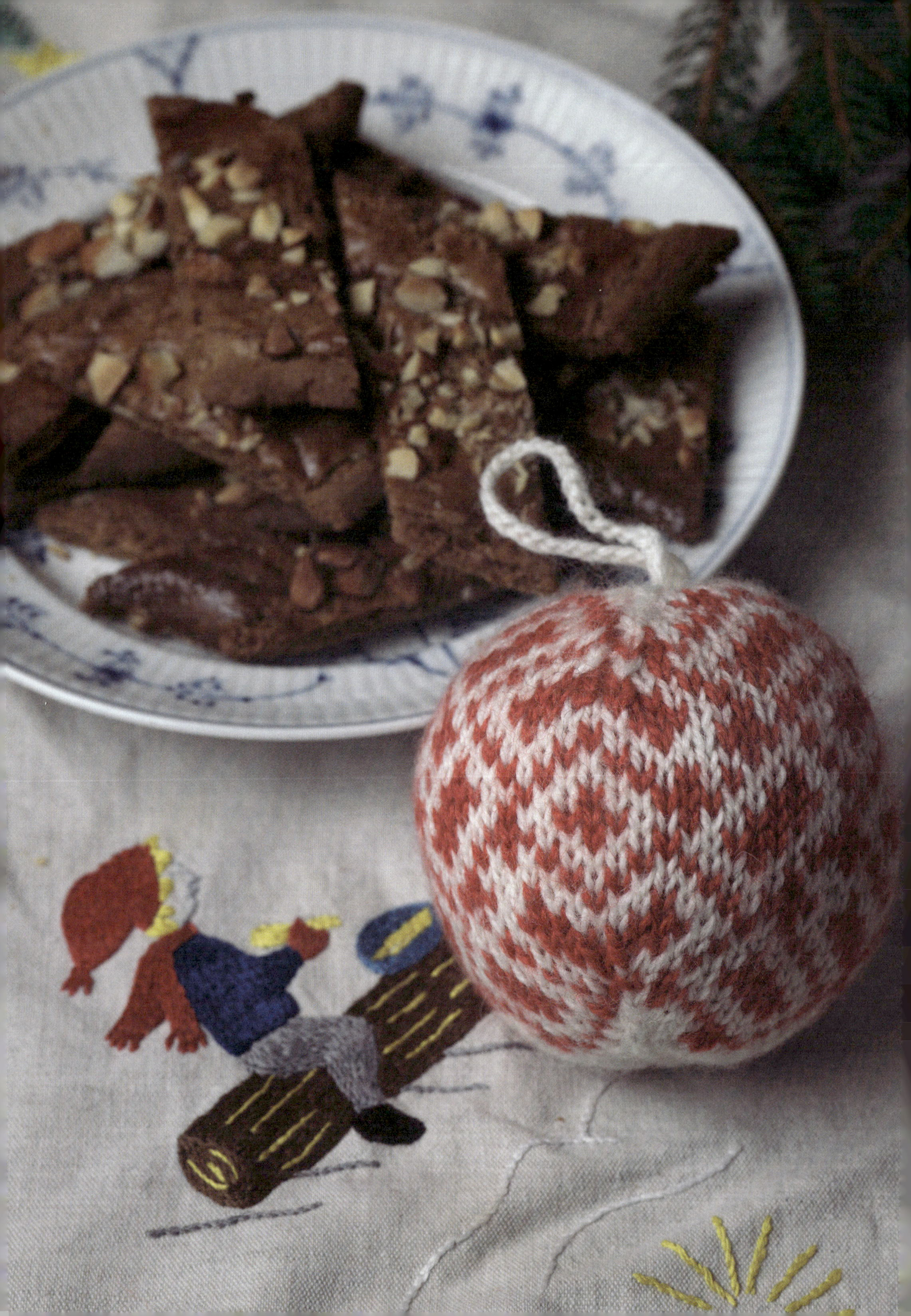

Braune Stäbchen

BRUNE PINNER

Einer unserer Lieblingskekse. Wir lieben den Duft von Zimt im ganzen Haus, wenn wir die Kekse aus dem Backofen nehmen. Normalerweise müssen wir diese Kekse noch einmal nachbacken, weil wir die erste Ladung immer schon vor Weihnachten verputzt haben!

ZUTATEN

200 g Butter

200 g Zucker

1 Eigelb

1 geh. EL dunkler skandinavischer Sirup (Mork Sirap)

300 g Mehl

3 TL Vanillezucker

4 TL gemahlener Zimt

1 TL Natron

Eiweiß, Hagelzucker und gehackte Mandeln, zum Garnieren

ZUTATEN

Den Backofen auf 225 °C Umluft vorheizen.

Butter und Zucker schaumig rühren. Das Eigelb hinzugeben.

Den dunklen skandinavischen Sirup in einem kleinen Topf erhitzen, bis er flüssig ist und anschließend unter die Buttermasse rühren.

Das (durchgesiebte) Mehl mit Vanillezucker, Zimt und Natron hinzugeben und alles mit den Händen zu einem Teig verkneten.

Den Teig in sechs Stücke teilen und diese auf Backblechlänge ausrollen.

Die Rollen flach drücken, mit einem Backpinsel das Eiweiß auftragen und mit Hagelzucker und Mandeln bestreuen.

Im vorgeheizten Backofen 10 Minuten backen.

Die noch heißen Kekse mit einem scharfen Messer in Rauten schneiden.

Auf dem Kuchengitter abkühlen lassen.

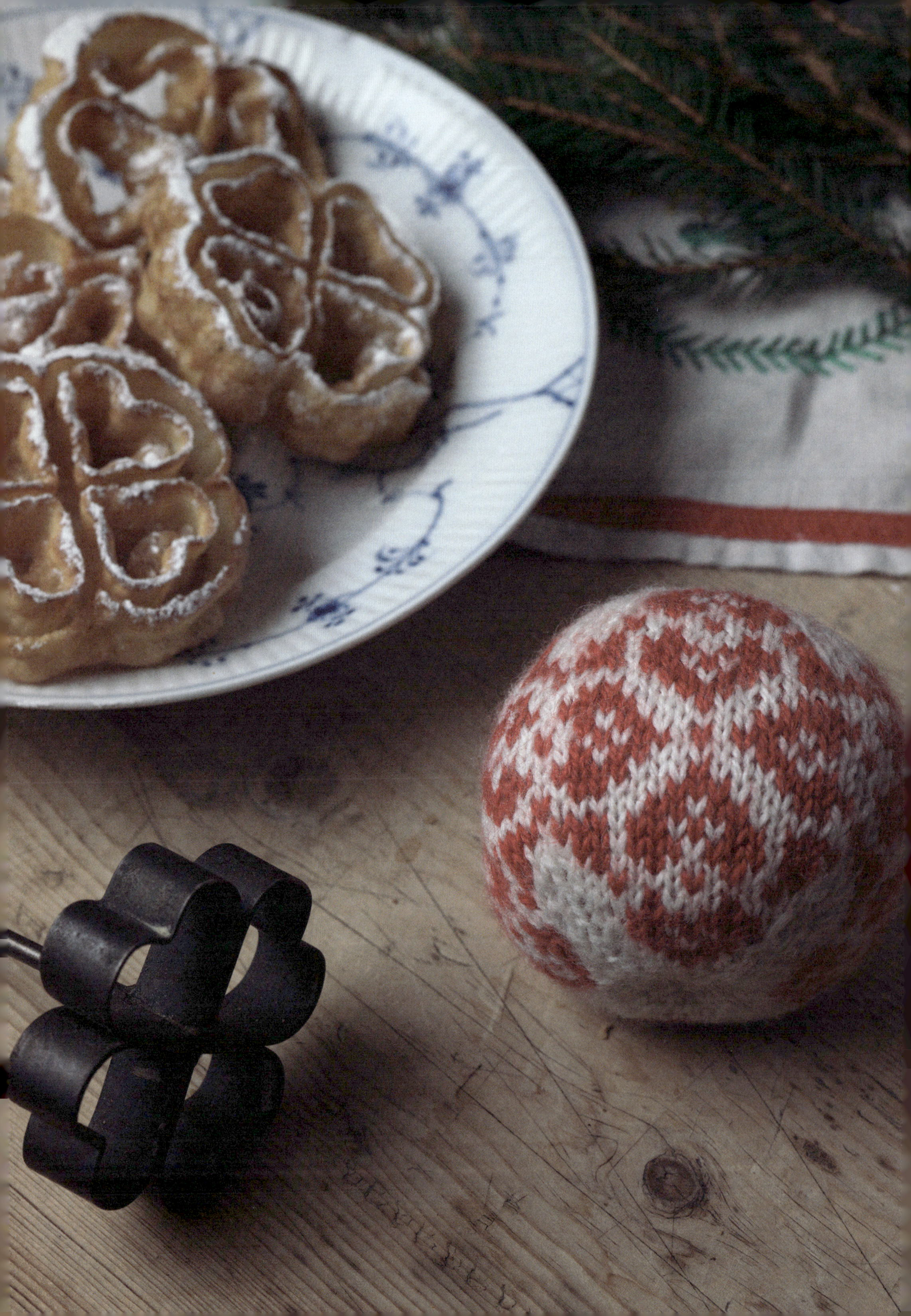

ROSETTENKAKER

„TIKK TAKK"

Das sind Arnes Lieblingskekse aus seiner Kindheit. Die Rosettenkekse werden mit speziellen Metalleisen gebacken, die wir selbst auf Flohmärkten in Frankreich und Deutschland gefunden haben und die inzwischen auch online zu bestellen sind. Die Eisen werden zuerst in den Teig und dann in das Öl getaucht.

ZUTATEN

100 g Mehl

200 ml Milch

3 Eier

60 g Zucker

500 ml Öl (am besten Kokos- und Rapsöl), zum Frittieren

Puderzucker, zum Garnieren

ZUBEREITUNG

Mehl und Milch gut verrühren und 15 Minuten ruhen lassen.

In der Zwischenzeit die Eier und den Zucker mit einer Gabel gründlich verquirlen.

Beide Mischungen zusammengeben und gut verrühren.

Die Rosetteneisen im Öl erhitzen und erst dann in den Teig tauchen.

Die Eisen in den Teig tauchen und die Rosettenkekse einige Sekunden im heißen Öl goldbraun frittieren.

Auf Küchenpapier legen und einige Sekunden abtropfen lassen. Zum Schluss in Puderzucker wenden.

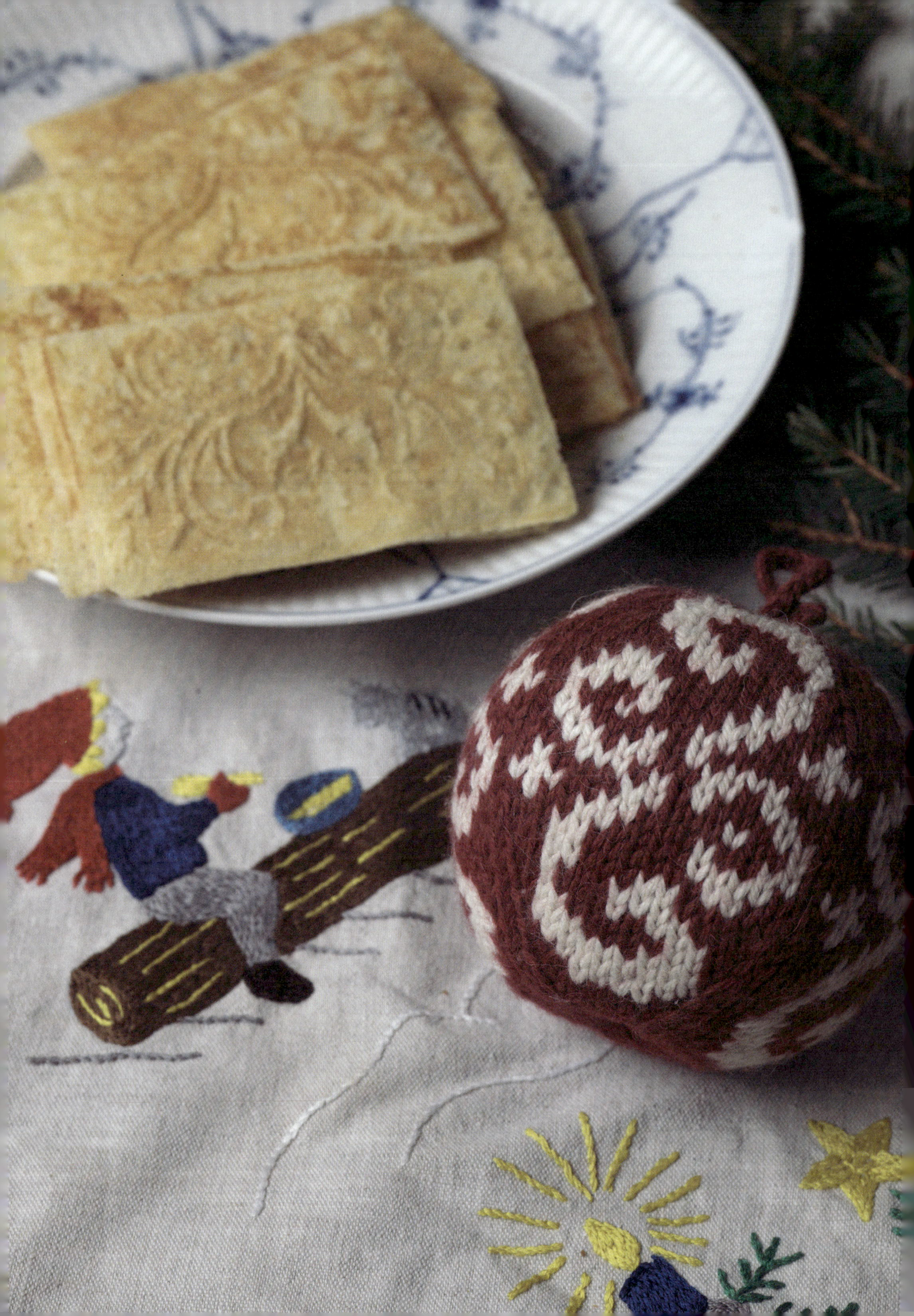

Norwegische Kardamomkekse

GORO

Dies ist ein sehr traditionelles Gebäck in Norwegen. Wir haben gelesen, dass sich der Name „Goro" vom norwegischen Go' råd ableitet, was so viel bedeutet wie „genug Geld haben, um etwas zu kaufen". Das rührt wahrscheinlich daher, dass man in diesem Rezept Sahne und Kardamom verwenden muss, Zutaten, die vor zweihundert Jahren ziemlich teuer waren. Für das Backen der Kekse braucht man ein spezielles Goro-Eisen, das online erhältlich ist.

ZUTATEN

200 g Zucker

3 Eier

180 g Butter

200 g Sahne

250 g Kartoffelstärke

½ TL gemahlener Kardamom

ZUBEREITUNG

Zucker und Ei schaumig rühren.

Die Butter zerlassen und abkühlen lassen.

Die Zucker-Ei-Masse mit der Butter verrühren.

Die Sahne steif schlagen und vorsichtig unter die Butter-Ei-Mischung heben.

Mehl, Kartoffelstärke und Kardamom unterrühren.

Das Goro-Eisen erhitzen.

In jede Goro-Fläche einen Esslöffel Teig füllen.

Die fertig gebackenen Kekse aus dem Eisen nehmen und die unebenen Ränder mit einem Messer gerade abschneiden.

Auf dem Kuchengitter vollständig abkühlen lassen.

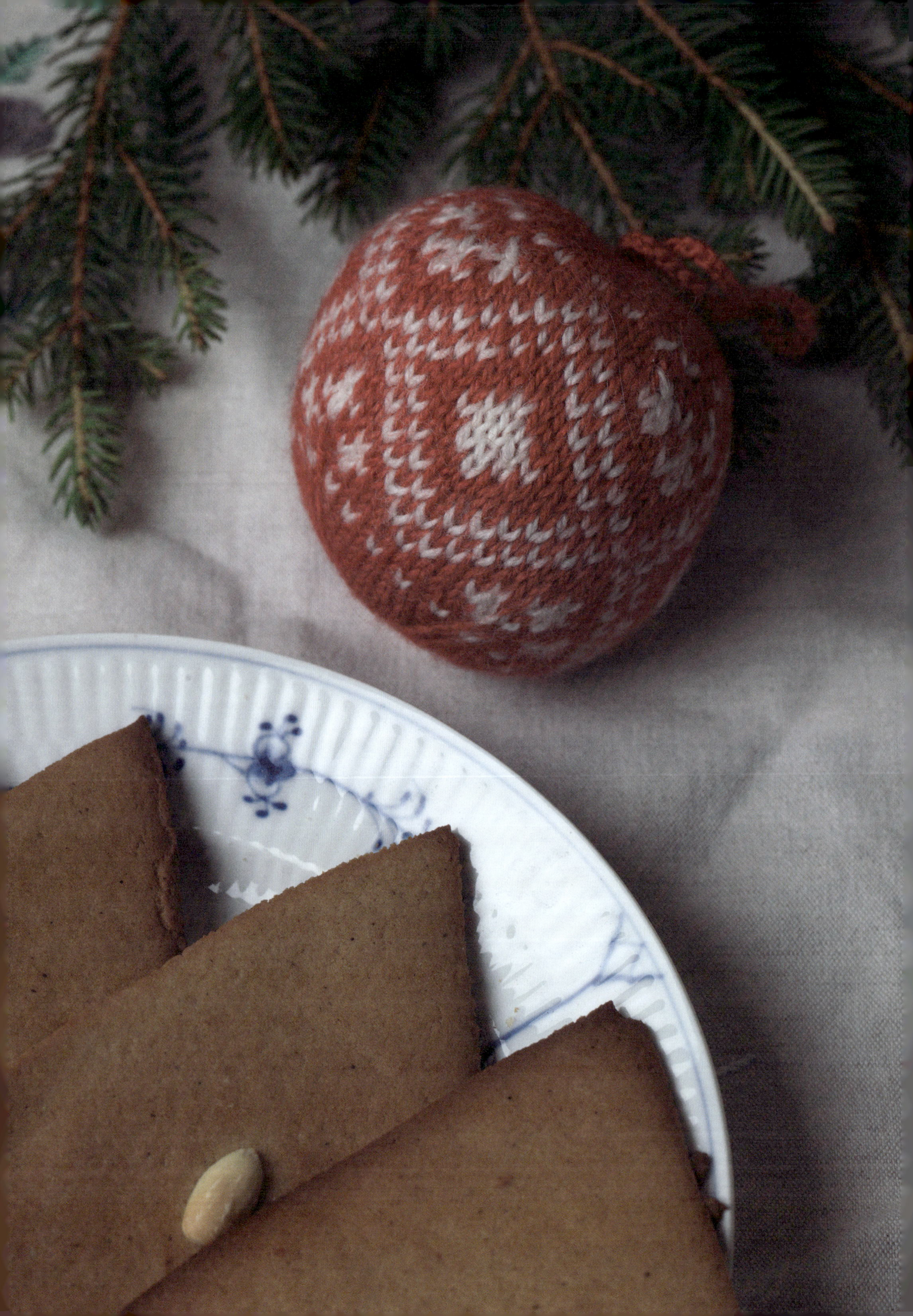

SIRUPSSNIPPER

Ein weiteres Lieblingsgebäck von Arne. Sirupssnipper müssen nach dem Backen sehr knusprig sein, damit sie knacken, wenn man sie in der Mitte durchbricht.

ZUTATEN

125 g dunkler skandinavischer Sirup oder Melasse (Mork Sirap)

125 g Zucker

100 g Crème double

150 g Butter

¼ TL gemahlener Pfeffer

½ TL gemahlener Ingwer

½ TL gemahlene Gewürznelken

½ TL Backpulver

½ TL Hirschhornsalz (auch Ammoniumcarbonat genannt)

500 g Mehl

1 Eiweiß

Mandeln, geschält (zum Garnieren)

ZUBEREITUNG

Den Backofen auf 175 °C Umluft vorheizen.

Sirup, Zucker, Sahne und Butter in einem Topf erhitzen, bis alles geschmolzen ist.

Die Mischung abkühlen lassen.

Die Gewürze, das Backpulver und das Hirschhornsalz gut untermischen.

Mehl hinzugeben und gut verrühren. Der Teig sollte noch recht feucht sein.

Für einige Stunden in den Kühlschrank stellen, bis er fest genug zum Ausrollen ist.

Den Teig mit dem Teigroller sehr dünn ausrollen und mit einem rautenförmigen Keksausstecher einzelne Kekse ausstechen.

Die Mandeln in der Mitte durchschneiden und auf der Unterseite mit etwas Eiweiß bestreichen, damit sie besser haften und auf jeden Keks eine halbe Mandel setzen.

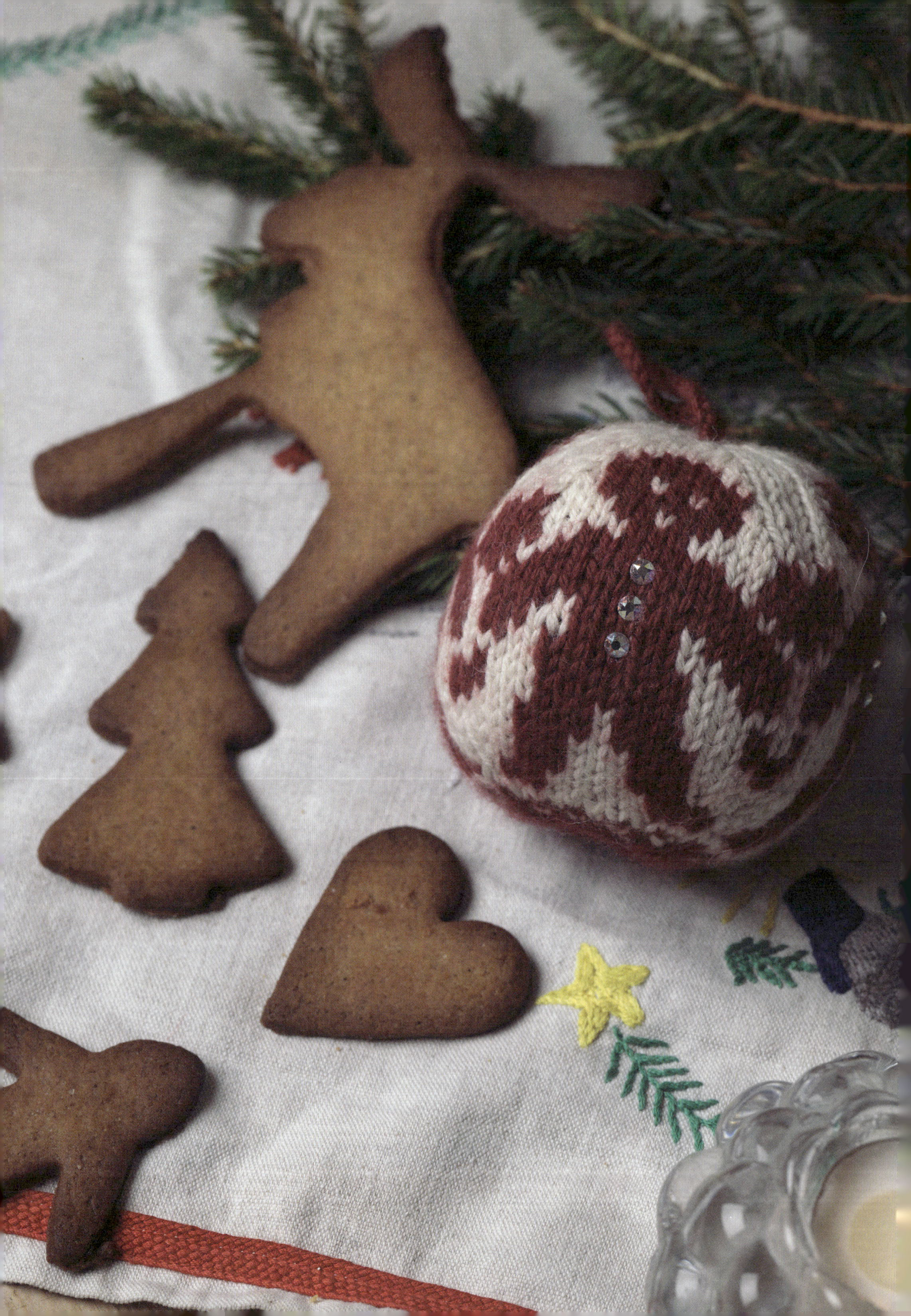

PFEFFERKUCHEN

PEPPERKAKER

Last but not least: das wichtigste Weihnachtsgebäck überhaupt! Wir lieben es, uns auf die Suche nach ungewöhnlichen Keksformen zu begeben. Unser letzter Fund waren Keksformen in Form von Eisbären, die wir von unserer ersten Reise nach Spitzbergen mitgebracht haben.

ZUTATEN

150 g Butter

100 ml heller skandinavischer Sirup oder Melasse (Ljus Sirap)

200 g Zucker

100 g Sahne

2 TL gemahlener Zimt

1 TL gemahlene Gewürznelken

1 TL gemahlener Ingwer

½ TL gemahlener schwarzer Pfeffer

1 TL Backpulver

450 g Mehl

ZUBEREITUNG

Den Backofen auf 225 °C Umluft vorheizen.

Butter, Sirup und Zucker in einem großen Topf erhitzen.

Den Topf vom Herd nehmen und Sahne, Gewürze und

das Backpulver hinzugeben. Zum Schluss das Mehl unterrühren.

Den Teig über Nacht in den Kühlschrank stellen.

Am nächsten Tag den Teig mit einem Teigroller dünn ausrollen (3 mm dick) und mit den Keksausstechern die gewünschten Figuren ausstechen.

Im vorgeheizten Backofen wenige Minuten backen, bis die Kekse goldbraun sind. Auskühlen lassen.

ÜBER ARNE & CARLOS

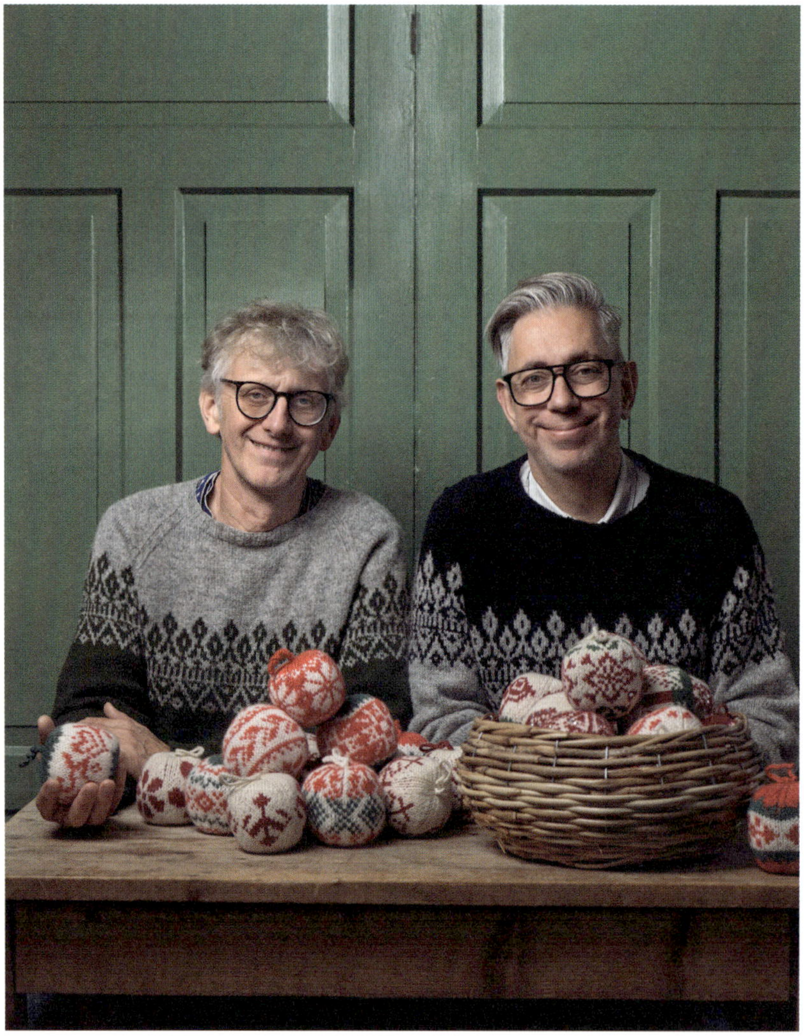

Arne Nerjordet und Carlos Zachrisson, bekannt als Arne & Carlos, sind weltberühmte Modedesigner, Textilkünstler und YouTuber. Sie sind bekannt für ihre originellen Designs und lassen sich von ihrem skandinavischen Hintergrund inspirieren. Sie haben inzwischen zehn Bücher geschrieben und ihr erstes Strickbuch Julekuler (Weihnachtskugeln stricken) wurde ein internationaler Erfolg.

Interessieren Sie sich für das Strickmuster unserer Pullover?
Kein Problem! Sie finden es (und weitere Informationen über uns) auf unserer Website www.arnecarlos.com.